中文社会科学引文索引（CSSCI）来源集刊

产业经济评论
REVIEW OF INDUSTRIAL ECONOMICS

第20卷　第3辑　（总第67辑）

主编　臧旭恒

中国财经出版传媒集团
经济科学出版社
Economic Science Press

图书在版编目（CIP）数据

产业经济评论. 第20卷. 第3辑/臧旭恒主编. —北京：经济科学出版社，2021.9
ISBN 978-7-5218-2893-1

Ⅰ.①产… Ⅱ.①臧… Ⅲ.①产业经济学－文集
Ⅳ.①F062.9-53

中国版本图书馆 CIP 数据核字（2021）第190574号

责任编辑：宋　涛
责任校对：徐　昕
责任印制：范　艳

产业经济评论

第20卷　第3辑　（总第67辑）
主编　臧旭恒
经济科学出版社出版、发行　新华书店经销
社址：北京市海淀区阜成路甲28号　邮编：100142
总编部电话：010-88191217　发行部电话：010-88191522
网址：www.esp.com.cn
电子邮箱：esp@esp.com.cn
天猫网店：经济科学出版社旗舰店
网址：http://jjkxcbs.tmall.com
北京季蜂印刷有限公司印装
787×1092　16开　10.25印张　200000字
2021年9月第1版　2021年9月第1次印刷
ISBN 978-7-5218-2893-1　定价：41.00元
（图书出现印装问题，本社负责调换。电话：010-88191510）
（版权所有　侵权必究　打击盗版　举报热线：010-88191661
QQ：2242791300　营销中心电话：010-88191537
电子邮箱：dbts@esp.com.cn）

目　录

环境规制、FDI 与农业技术创新
　　——基于中国省级面板数据的实证分析
　　　　　　　　　　　　　　　　　乔翠霞　王馨雨　1

制度创新、空间溢出与经济增长
　　——对中国自由贸易试验区的实证检验
　　　　　　　　　　　马　宇　张婷婷　魏丹琪　张　扬　24

高技术产品进口能促进东道国经济增长吗？
　　——基于 OECD 国家 2006～2018 年数据分析
　　　　　　　　　　　　　　　　　张志新　赵云梦　45

区域制度治理环境对企业成长的影响及机理研究
　　　　　　　　　　　　　　　　　　　　朱孟晓　65

供需协调视角下我国旅游经济增长方式选择
　　　　　　　　　　　　　　　　　杨天英　夏　锋　82

从价值转移到风险传导：全球价值链金融化的理论动态
　　　　　　　　　　　　　　　　　王兴华　刘　刚　121

技能偏向型技术进步对技能溢价的影响
　　——基于异质性劳动力流动视角
　　　　　　　　　　　　　　　李朝婷　刘国亮　李　佳　134

CONTENTS

Environmental Regulation, FDI and Agricultural Technological Innovation
——An Empirical Analysis Based
Cuixia Qiao Xinyu Wang 22

Institutional Innovation, Spatial Spillover and Economic Growth
——An Empirical Test of China's Pilot Free Trade Zone
Yu Ma Tingting Zhang Danqi Wei Yang Zhang 43

Can the Import of High-tech Products Promote the Economic Growth of Host Countries?
——Based on OECD Data 2006－2018
Zhixin Zhang Yunmeng Zhao 63

The Influence and Mechanism of Regional Institutional Governance Environment on Enterprise Growth
Mengxiao Zhu 80

The Choice of China's Tourism Economic Growth Mode from the Perspective of Supply and Demand Coordination
Tianying Yang Feng Xia 117

From Value Transfer to Risk Transmission: Theoretical Researches on Financialization of Global Value Chain
Xinghua Wang Gang Liu 133

Skill-biased Technological Progress and Skill Premium
——Based on Heterogeneous Labor Mobility Perspective
Chaoting Li Guoliang Liu Jia Li 154

环境规制、FDI 与农业技术创新

——基于中国省级面板数据的实证分析

乔翠霞　王馨雨[*]

摘　要：文章利用 2004~2017 年的省级面板数据，通过构建固定效应模型从全国层面和东部、中部、西部地区层面研究了环境规制对农业技术创新的影响以及 FDI 在其中发挥的中介效应。研究发现：环境规制在全国层面对农业技术创新产生微弱的负向作用；环境规制通过对较低清洁技术水平的 FDI 驱离，筛选出符合环境规制政策的具备较高清洁技术水平的外资，从而对农业技术创新产生促进作用，中介效应检验符合上述描述，且全国层面中介效应占比为 81.36%；人均受教育年限、金融发展水平、农业机械总动力三者显著对农业技术创新产生促进作用；异质性分析显示，东部地区和西部地区的环境规制对农业技术创新的 FDI 中介效应显著存在，占总效应的比重分别为 93.68%、86.29%，而中部地区的环境规制对农业技术创新的 FDI 中介效应不显著。除此之外，东部地区 FDI 对农业技术创新的促进作用大于西部地区。

关键词：环境规制　FDI　农业技术创新　中介效应

一、引　言

当今农业生产面临环境保护问题和研发经费问题。自改革开放以来，中国对外开放程度不断加深，农业迅速发展，1978 年的农业生产总值仅有 1397.00 亿元，然而到了 2019 年，农业生产总值迅速增长到了 123967.94 亿元，41 年的时间里增长了约 88.74 倍。除此之外，我国连续出台了一系列支持农业发展的政策，为农业发展创造了良好的政策环境，免除了后顾之忧。但我国农业的快速发展也带来了严重的负外部性问题，不合理排放农业生产

---

[*] 本文受国家社科基金后期资助项目"国际技术转移与我国工业结构升级"（18FJY015）、山东省社会科学规划研究项目"山东'三变'改革巩固扶贫脱贫成果的效果评估及长效机制建设"（21DJJJ20）和山东省社会科学规划研究项目"绿色兴农战略背景下山东省农业补贴绩效评价及提升路径研究"（19BJCJ68）的资助。
感谢匿名评审人的宝贵意见。
乔翠霞：山东师范大学；地址：山东省济南市长清区大学路 1 号山东师范大学长清湖校区，邮编：250358；E-mail：cuixiaqiao@163.com。
王馨雨（通讯作者）：山东师范大学；地址：山东省济南市长清区大学路 1 号山东师范大学长清湖校区，邮编：250358；E-mail：2669351805@qq.com。

废弃物和大量使用农药、化肥,不仅造成农业资源利用的低效率,而且严重污染了环境,因此现代农业发展已经不再局限于如何在资源刚性约束下确保农产品供需平衡,还必须充分考虑资源的承载能力和环境保护问题。科技创新是农业可持续发展的动力,虽然负责配置我国农业科研资源的主体是政府,但是我国政府在农业方面的科研经费及科研人才等投入远远比不上发达国家的平均水平,如美国、日本等,而 FDI 是弥补我国国内技术短缺和资金不足的路径之一,因此 FDI 成为支持农业科技创新的重要手段。所以如何更好地实现农业经济增长与环境保护的"双赢",其中关键在于寻找环境规制和 FDI 的最佳强度区间,即适度的环境规制政策能够吸引优质 FDI 流入,从而产生"创新补偿效应"促进农业技术创新。因此,保证环境规制和 FDI 的最优化,也就成为影响农业科技创新实现的关键。

二、文献述评

农业技术创新受环境规制的约束,也受 FDI 的影响,因此本文将环境规制约束和 FDI 纳入统一框架来研究它们对农业技术创新的影响。基于此,本文对环境规制对技术创新的影响、FDI 对技术创新的影响以及环境规制基于 FDI 对技术创新间接的影响三个方面的文献进行了梳理。

(一)环境规制对技术创新的影响:"抵消效应"和"补偿效应"

关于环境规制如何对技术创新产生影响,学者进行了大量理论与实证研究,初步形成以下两种不同的观点:

第一种观点认为环境规制对技术创新存在抵消效应,环境规制可能为企业带来不利影响。一方面,环境规制政策颁布带来的短期冲击会在短时间内增加企业的治污费用,挤占企业用于技术创新的研发费用,从而对技术创新产生一定"挤出效应";另一方面,环境规制政策加重了企业的环保负担,导致投资成本上升,短期来看不利于农业产业整体生产经营的正常开展。国外学者对此进行了大量的实证分析,Walley and Whitehead(1994)的研究表明:环境规制政策强的企业在面临市场竞争与环境规制下,产生一定的"遵循成本",环境规制强度的提升会导致污染排放处罚力度的加大,企业为规避污染处罚只得增加污染治理投入,否则面临退出市场的风险,影响了企业的市场竞争力。Adam et al.(1995)选取美国制造业的数据研究了环境规制对企业竞争力的影响,结论表明:环境规制政策的实施会增加企业的治污费用,使企业科研费用投入减少,从而产生一定的"挤出效应",影响企业绩效。

第二种观点认为环境规制对技术创新存在补偿效应,环境规制对技术创新具有促进作用,适当的环境规制将刺激技术革新,这主要是因为适度的环境规制能够激发企业创新技术水平来减少对环境的污染。黄德春、刘志彪（2006）在 Robert 模型中加入技术系数，这个模型表明环境规制虽然加重了企业的环保负担，增加了企业的成本，但同时也能够激发企业创新技术水平从而减少对环境的污染，企业技术水平的提高促进了企业生产力的发展，企业生产了更多高质量的产品，增加了销售额，因此与企业保护生态环境投入的成本相抵消，这与"波特假说"相一致。赵红（2008）实证分析了环境规制对我国 1996~2004 年 30 个省份大中型工业企业在进行新技术革新过程中所发挥的作用，实证结果表明环境规制能使受规制的企业受益。李强、聂锐（2009）选取中国 1999~2007 年的省际面板数据，实证研究环境规制在技术创新过程中所发挥的作用，认为环境规制有利于核心创新指标的达成，促进了技术创新的实现。黄平、胡日东（2010）研究了环境规制在湖南省环洞庭湖区域造纸企业实现技术创新过程中所起到的作用。结果表明，环境规制的实施使企业开始注重环境保护，企业通过研发新技术来减少环境污染，使造纸企业成功实现技术创新。余伟等（2017）通过两阶段分析方法对我国 2003~2010 年 37 个工业行业的环境规制、技术创新和工业经营绩效三个变量之间的关系进行了研究，得出的结论和"波特假说"相吻合，即合适的环境规制政策将促进企业技术创新的实现，抵消遵循成本，进而提高经营绩效。

（二）FDI 对技术创新的影响

随着世界经济一体化的深入，越来越多的学者针对 FDI 对东道国自主创新能力的影响进行了深入研究，其结论也是不统一的，主要存在以下两种观点：

第一种观点认为 FDI 有利于技术创新的实现。1960 年，FDI 技术溢出理论由 MacDougall 首次提出，这个理论解释了 FDI 对技术创新的影响机制。此后，越来越多的经济学家对此进行了更深入的探究，Caves（1974）提出，外商直接投资的进入促进了市场的激烈竞争，市场竞争的加剧使东道国不得不学习国外先进的管理以及产品经验，这也自然而然地促进了当地经济的发展外资拥有先进技术和管理经验，能够通过资本补充效应促进技术创新。国内学者对这方面也进行了大量研究。叶娇、王佳林（2014）选取江苏省 2002~2011 年地区面板数据，用柯布—道格拉斯生产函数构建计量模型对 FDI 是否促进了江苏省区域技术创新进行了研究，研究结果显示：FDI 促进了江苏省技术创新的实现，并且在全国层面，江苏省 FDI 技术溢出效应比全国平均水平更高，然而比东部地区的平均水平要低。赵莉、胡逸群（2018）选取 2008~2016 年中国制造业 15 个行业的面板数据，通过内生经济增长模型验证 FDI 技术溢出效应是否存在，实证结果显示：FDI 对我国制造业存在显著的正向技术溢出效应。曾国安、马宇佳（2020）发现引进外资对中国大陆企业创新呈现出先负后正的变化过程，即在外资进入的头几年会对大陆企业创新产生负向效应，而到后期，这一效应由负转正，最终会促进大陆企业创新。王永军、邱兆林（2016）、蒋含明（2019）等也同样认为 FDI 对技术创新具有显著的正向影响。

第二种观点认为 FDI 对技术创新具有阻碍作用。持有这种观点的学者认为发达国家掌握了技术的主动权，对先进技术采取保护措施，因此外资带来的并不是先进技术，FDI 对技术创新的作用是有限的。我国学者徐亚静、王华（2011）选取 1999～2008 年我国 30 个省份的面板数据，实证研究了 FDI 与我国技术创新能力二者之间的关系，结果显示单一的外商直接投资并没有促进我国专利申请量的增加，并且 FDI 对专利申请量的影响存在明显的地区差异。石大千、杨咏文（2018）基于中国 1998～2015 年省级层面大中型工业企业数据，通过双边随机前沿模型分别测算了 FDI 对企业创新影响的挤出效应、溢出效应和净效应，研究结果表明 FDI 对企业创新影响的净效应为负，且在不同年份、不同地区和不同省份 FDI 的挤出效应仍然占主导地位。

（三）环境规制基于 FDI 对农业技术创新间接的影响："污染光环假说"和"污染避难所假说"

环境规制能够对技术创新产生直接影响，但环境规制也可能间接影响技术创新，其中一个重要因素就是 FDI，优质 FDI 的流入有利于技术创新的实现，而环境规制的强弱也会在一定程度上影响 FDI 的质量和数量，进而间接影响技术创新。关于环境规制如何通过影响 FDI 从而对技术创新产生间接影响，学者们初步形成以下两种观点：

第一种观点是"污染光环假说"，即环境规制和 FDI 区位选择二者之间的关系是正相关关系，换句话说，严格的环境规制有利于吸引优质 FDI 的流入，进而促进技术创新。黄菁（2010）选取我国 2003～2006 年 217 个城市的工业污染数据，通过设立联立方程来系统探究外商直接投资和经济增长二者之间的相互影响以及外商直接投资对环境规制的影响。研究结论表明：外商直接投资可以通过影响经济增长、产业结构及环境污染治理来治理我国工业污染治理和保护环境。李子豪、刘辉煌（2011）选取我国 2000～2008 年 30 个省份的面板数据，实证检验了外商直接投资和中国 CO_2 排放二者之间的关系，实证结果显示外商直接投资在西部地区的碳排放存在较为显著的负向影响。

第二种观点是"污染避难所假说"，"污染避难所假说"从跨国企业本身出发，认为其为降低跨国企业所在国环境规制的成本，会向环境规制强度较低的东道国转移污染产业，产生"道德风险"问题，污染东道国所在地的生态环境。与此同时，东道国政府为了引进外资、促进经济发展，导致环境规制的逐级竞争，使得污染消耗高、低质量的外资企业流入，阻碍了本国技术创新的实现。侯伟丽等（2013）系统探究了我国各地区环境规制对产业转移的影响，研究结果显示：污染密集型产业在进行产业转移时首要考虑因素是环境规制强度。除此之外，环境规制会使得区域间的"污染避难所"效应不断强化。郭建万、陶锋（2009）将环境规制因素加入新经济地理模型，他在研究对外商直接投资区位造成影响的因素时发现：在集聚经济条件下环境规制和外商直接投资是正向相关关系，反之则是负向相关关系，这也验证了"污染避难所假说"。吴玉鸣（2007）通过面板数据实证研究了我国各省域间环境规制和 FDI 二者之间的关联机制，实证结果表明：环境规制在一定程度上不利于各地区引进外资。

通过上述文献可以发现，国内外学者对环境规制、FDI 对技术创新的影响进行了大量研究，但仍存在一些可以进一步探讨的空间：第一，现有文献大多关注制造业以及高新技术产业领域，很少有学者关注农业领域，缺少对农业领域技术创新的研究；第二，学者们大多单独研究环境规制在技术创新的实现过程以及 FDI 在技术创新的实现过程中起到的作用，几乎没有学者将环境规制、FDI 纳入统一框架来探究对技术创新的影响，即环境规制是否可以通过 FDI 对技术创新产生影响。因此本文尝试将 FDI 作为中介变量研究环境规制对农业技术创新的影响。

三、环境规制对农业技术创新的直接及间接影响机制分析

在封闭经济与开放经济的二分法下来研究环境规制对农业技术创新的直接作用与农业 FDI 在当中产生的间接作用是一项系统工程，本文在前人研究的基础上对相关机制进行了理论探索发现，尽管环境规制的出发点和落脚点是为了促进生态环境的可持续发展，但生态环境的可持续发展客观上要求提高技术水平、使用清洁技术，因此环境规制最终会推动农业技术创新的实现。除此之外，新增长理论表明，在对外开放中，实现技术创新的一条重要路径是 FDI，它既能弥补国内融资短缺的不足，又能在技术发展遇到瓶颈时，通过引入外部的资源和技术，促进一个国家的科研活动。同时一个国家或地区环境规制的强弱也会在一定程度上影响 FDI 的进入，进而对农业技术创新产生间接影响。因此在发挥环境规制的"补偿效应"并减弱"抵消效应"的同时，应尽可能地发挥外商直接投资的积极作用，为我国环境规制政策的有效性服务，使之融合在新发展理念的有机统一体中。作用机制如图 1 所示。

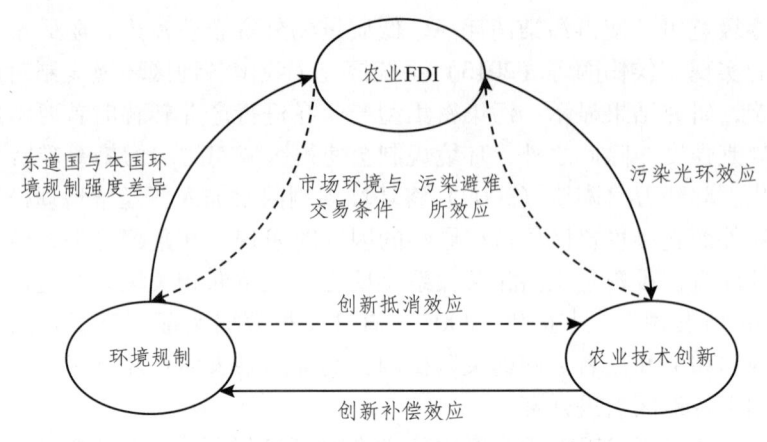

图 1 环境规制对农业技术创新的作用机制

（一）环境规制对农业技术创新的直接作用机制

一方面，从环境规制对农业技术创新的补偿效应出发来进行分析，由于环境规制强度的增大，农业企业在生产活动中产生"遵循成本"[①]，对技术创新所必需的研发费用产生一定程度的挤出，农业企业不得不通过多种手段（包括技术引进、生产工艺的"干中学"、专项融资、绿色退税与补贴等）寻求技术创新的路径以适应规制政策。除此之外，政府是制定与执行环境规制政策的主体，所以政府在实施严格环境规制政策的同时往往会配套相关产业的政策扶持，以保持农业企业主体与社会经济平稳运行，达到环境规制政策的合意效果，如政府采用产品补贴措施促进农业企业创新。因此，一般来看，对企业进行的产品补贴能够使农业企业的生产成本减少，从而与企业因遵循环境规制政策而产生的部分"遵循成本"相抵消，有利于企业安全渡过因环境规制政策而带来的短期经营风险。

基于此，本文提出假设 1：长期条件下，环境规制对农业技术创新具有促进作用。

另一方面，从环境规制对农业技术创新的抵消效应出发来进行分析，首先，环境规制会对农业企业资金产生挤占效应，由于农业企业生产周期较长的特点导致了资金周转速度偏慢与经营性现金流缺失等天然特征（张克俊，2011），环境规制要求农业企业对自身的生产要素进行重新分配并承担额外的经营风险，其实质是环境污染负外部性的社会成本转化为农业企业成本，加大了农业企业经营性现金流的负担，带来了经营风险与财务风险，使企业用于创新的研发资金减少；其次，环境规制对农业企业在技术创新过程中所

---

① Walley and Whitehead（1994）认为"遵循成本"指环境规制强度的提升会导致污染排放处罚力度的加大，企业为规避污染处罚只得增加污染治理投入，否则面临退出市场的风险。

投入的资金产生了挤出效应，导致用于技术创新的投资减少；最后，环境规制转移的负外部性成本在让农业企业承担的同时，也带来额外的研发风险，分布在农业全产业链上下游的农业企业本身具有不同的研发实力与技术能力，许多专于产业链上游（如农药、化肥等污染较高的农业产品）的农业企业本身已经投入巨额成本建成的生产线，在环境规制政策出台时可能还没有收回投资成本就不得不停止生产活动，而研发活动对结果的不确定性和高风险性使得农业企业的创新风险加大，从而对农业技术创新产生阻滞。

（二）环境规制通过FDI对农业技术创新产生影响的间接作用机制

在封闭经济运行环境下，环境规制对农业技术创新影响的可能结果在前节已初步分析。而在开放经济条件下，环境规制对农业技术创新的影响趋向复杂与贴近现实。开放经济条件往往使得农业企业技术创新能力这一变量存在更大差异，即农业创新技术存在更大的国与国之间的高低差，一般而言，发达国家实现工业化的时间更早，其对于农业生产影响生态环境的规制开展了大量的实践。发展中国家在享有后发优势（如技术模仿）的同时不可避免地重蹈发达国家在环境规制一途的老路，跨国资本流动以成熟的清洁技术及管理经验模式的输出换取自身所需的市场规模，促进"污染光环效应"的形成，即农业产业高度化实现程度较高国家的FDI的引入带来的先进生产工具与生产技术会促进发展中国家的模仿与学习行为，提升本国的技术水平与资源利用模式，减少污染物的排放以实现环境质量改善，实质上是一种技术溢出带来的双赢模式。跨国公司相对内资企业的技术优势产生的污染治理技术溢出，由此产生的"污染光环效应"使环境规制会在一定程度吸引农业FDI携东道国农业企业急需的技术与管理经验流入，加之政府引资政策的宽松，从而使得环境规制通过扩张高技术农业FDI流入增加农业技术创新"补偿效应"的实现。

基于此，本文提出假设2：环境规制在实现农业技术创新的过程中，可以筛选出高技术农业FDI，促进对环保高技术农业FDI的吸收，实现农业技术创新。

除此之外，党玉婷、盛丹（2018）通过进行中国与美国、日本、德国双边贸易内涵污染测算，发现"污染避难所效应"成立，中国对美国、日本、德国三国出口品相较进口品而言更具污染性，集中在食品与饮料烟草等轻工业行业。可见我国农业在对外贸易体系中占据了相当一部分污染份额，由于我国地理情况复杂，地区间经济发展不平衡不充分的矛盾依然突出，加之高污染农业企业在面临强环境规制时，为使投资不成为沉没成本，可能随环境规制政策的调整导致污染密集型产业从环境规制较严省份转移到环境规制较松省份，影响农业FDI的区位决策。中西部省份在承接环境规制日趋收紧的东部省份农业FDI时，有可能遵循"污染避难所假说"的路径，"污染避难所效应"从跨国企业本身的角度考虑,认为跨国企业为了规避其所在国严格环境规制带来的高成本,会向环境规制强度较低的东道国转移污染产业,产生"道德风险"问题,污染东道国所在地的生态环境。城市化水平较低的中西部地区,自然资源往往较为丰富,土地等资源的定价较低,其可利用资源成本优势吸引农业FDI,由于中西部地区的市场竞争格局宽松,高额的投资收益必然导致资源密集型产业的扩张,加速资源的不合理利用与污染物的排放,且此时地方政府往往注重的是地区经济的发展,忽视生态环境的保护,随着城市化进程的推进,人口集聚产业集中为FDI的质量提升创造条件,因人口数量的扩张使得人们更关注生存环境的保护,且城市基础设施与政府治理能力亦稳步提升,经济发展的目标会兼顾到发展质量,环境规制强度的增加使得FDI引入需要符合一定标准,加剧了FDI流入的竞争效应与示范效应,对中西部省份农业技术创新产生积极影响。长期来看,中西部省份农业技术创新虽发展但仍将处于相对东部地区落后的状态。

基于此,本文提出假设3:环境规制通过FDI作用于农业技术创新存在地区异质性。

四、数据来源与模型构建

(一)模型设定

为给上文提炼理论框架中环境规制对农业技术创新的直接效应与间接效应提供实证经验层面上的佐证。本文设定以下基准回归模型来实证分析环境规制对农业技术创新的影响。

$$IAT_{it} = \alpha_0 + \beta_1 EG_{it} + \delta X_{it} + \lambda_t + \mu_i + \varepsilon_{it} \tag{1}$$

式(1)所表示的计量模型作为参照回归,使用OLS与面板固定效应估计方法来初步验证环境规制对农业技术创新的影响方向。其中IAT_{it}表示i地区第t年农业技术创新变量,采用农业申请专利授权量表示农业技术创新。EG_{it}表示i地区第t年环境规制强度,较多研究采用环境污染治理投资总额表示环境规制强度,本研究考虑数据平滑性,采用环境污染治理投资总额占地区GDP比重对环境规制强度进行衡量。X_{it}表示一系列控制变量的列向量,λ_t表示时间固定效应,μ_i表示地区固定效应,ε_{it}为随机扰动项。

(二)变量选取

(1)被解释变量:农业申请专利授权量(IAT)。综观现有文献,学者们大多采用以下几种方法来衡量技术创新:一是将技术创新的投入和产出作为衡量技术创新的标准,投入包括科研经费和科研人员等,产出包括专利申请量、授权量和科研论文等;二是直接将技术创新的投入和产出做一个比值来衡量技术创新，或者间接利用数据包络分析、随机前沿分析等方法来计算技术创新。本文将 30 个省份的数据作为面板数据，在相关的统计年鉴和数据库中无法获取农业科研经费和科研人员投入数据。除此之外，利用其他计算方法如数据包络法、随即前沿分析等方法来计算农业技术创新也有不足之处。所以，本文采用农业专利授权量来衡量农业技术创新，为保证数据的可获得性，本文所用农业专利数据仅包括发明和实用新型专利。

（2）解释变量：环境污染治理投资占 GDP 的比重（EG）。环境规制是一个政策变量，一般纳入制度经济学的考虑范畴，因此学术界对其的衡量一般考虑正式制度与非正式制度的二分法（彭文斌、路江林，2017）；或技术指标的测度，如苗苗利用主成分分析法构建衡量环境规制力度综合指数。本研究借鉴张金鑫、王红玲（2020）的做法，用环境污染治理投资额占 GDP 的比重来衡量环境规制强度。

（3）中介变量：农业实际利用外资额（AFDI）。大部分学者主要采取以下两种方法来衡量外商直接投资：第一种方法是将每年外商直接投资的绝对量作为 FDI 的衡量标准；第二种方法是利用外资依存度即农业外商直接投资占 GDP 的比重来进行衡量。在本文中，将农业实际利用外资额来衡量农业 FDI。

（4）控制变量。为了更加全面的分析环境规制、FDI 对我国农业技术创新的影响，考虑多方面因素对农业技术创新的影响，选取如下控制变量：①人均受教育年限（per – EDU），本文借鉴钞小静、沈坤荣（2014）的方法[1]，采用 6 岁以上人口平均受教育年数来衡量人力资本水平；②第一产业比重（ratio – Agri），本文采用第一产业中农业产业生产值占 GDP 的比重来衡量；③技术市场成交额（deal – Tech），因农业 FDI 的流入存在着清洁技术外溢效应，所以地区的技术市场成交额能够或多或少的反映农业技术创新在市场上的交易活跃度，是衡量环境规制政策与农业技术创新力度的较好度量指标；④农业机械总动力（mach – Agri），农业机械水平的提高能够改善农业发展环境，提高农业产量，进而促进农业技术的更新换代。因此，农业技术创新的实现依赖农业机械动力，本文用各个省份的农业机械总动力来表示农业机械水平；⑤金融发展水平（dev – Finance），本文用年末存贷款余额与 GDP 比值来衡量金融发展水平。

---

[1] 人均受教育年限：把小学、初中、高中、大专以上程度的受教育年限分别记为 6 年、9 年、12 年和 16 年，则人力资本水平为 human = 6 × prime + 9 × middle + 12 × high + 16 × university，其中 prime、middle、high 和 university 分别表示小学、初中、高中、大专以上程度教育人数占 6 岁以上人口的比重。

(三) 数据来源

为增加数据平滑性，减弱异方差问题影响，本文对所有变量均做自然对数处理，选取2004~2017年30个省份（不包含西藏自治区、港澳台）的省级面板数据作为研究对象，且以2004年为基期，通过CPI计算平减指数，对货币单位计量的变量做去除价格因素干扰的处理。所有变量数据来源于《中国科技统计年鉴》《中国环境统计年鉴》《中国劳动统计年鉴》、国家知识产权局、国家统计局以及各省统计年鉴。具体的描述性统计结果如表1所示。

表1　　　　　　　　描述性统计结果

变量	样本数量	均值	标准差	最小值	最大值
lnIAT	420	5.0015	1.3629	0	7.8312
lnIAT*	420	1.0543	0.2905	0.59636	1.8595
lnEG	420	-4.4216	0.4530	-5.8121	-3.1626
lnAFDI	420	5.9899	1.4432	1.9459	9.7769
lnper-EDU	420	2.1604	0.1172	1.8528	2.5822
lnratio-Agri	420	-1.8684	0.7521	-4.6510	-0.6250
lndeal-Tech	420	3.7367	1.7922	-1.6607	8.4089
lnmach-Agri	420	7.5500	1.0708	4.5572	9.4995
lndev-Finance	420	0.9592	0.3277	-0.3119	2.0957

五、实 证 分 析

(一) 基准回归分析

遵循前节研究设计中计量模型的设定，本文首先对全国层面数据进行实证检验。为防止伪回归，需对模型中变量进行单位根检验，测度变量样本数据的平稳程度。根据各变量水平值的LLC同质单位根检验结果，结果表明各变量的水平值均在10%及以下的显著性水平下为I(0)过程，拒绝存在面板单位根的原假设。为在全国数据层面感知环境规制、农业FDI和农业技术创新相互作用关系，本部分采取OLS回归与面板固定效应模型对上述变量的基本计量结果进行展示，如表2所示。

表2　　　　　　　　　　　　基准回归结果

变量	（1）OLS	（2）Two-way FE
lnEG	-0.0857*** (0.0148)	0.0081 (0.0066)
lnper-EDU	0.9481*** (0.0898)	0.1625* (0.0894)
lnratio-Agri	0.0171 (0.0165)	-0.0290** (0.0142)
lndeal-Tech	0.1057*** (0.0065)	-0.0040 (0.0037)
lnmach-Agri	0.0774*** (0.0107)	-0.0177 (0.0128)
lndev-Finance	0.2762*** (0.0347)	-0.0734*** (0.0247)
常数	-2.3778*** (0.2410)	0.9058*** (0.2134)
Hausman Test		100.99 (0.0000)
时间固定效应	YES	YES
地区固定效应	NO	YES
N	420	420
R^2	0.7878	0.0620

注：***、**和*分别表示1%、5%和10%的显著性水平，（1）列括号中为聚类稳健标准误；（2）（3）（4）括号内为普通标准误。Hausman检验括号中为p值。

表2中列（1）为OLS方法估计结果，（2）列为面板双向固定效应模型估计结果。容易看出Hausman检验估计量均选择拒绝原假设，因此面板固定效应模型的选择是合适的。从（1）列结果来看环境规制强度对农业技术创新影响显著为负，环境规制强度每提高1%，农业技术创新下降-0.0857%，这表明：在全国层面，我国环境规制对农业技术创新的直接效应处于"创新抵消"效应阶段。从（2）列的结果来看，环境规制强度对农业技术创新影响不显著，影响方向为正：环境规制强度每提高1%，农业技术创新上升0.0081%。这在一定程度上表明在全国层面我国环境规制对农业技术创新的直接效应已经进入微弱的"创新补偿"效应阶段，即"补偿效应"大于"抵消效应"，验证了假设1。另外，（1）列、（2）列中人均受教育年限对农业技术创新的作用方向均为正且弹性较大，印证了人力资本培育与综合素质

的提高对农业技术创新有较大的促进作用，这与经济直觉与现实生活相符；农业技术创新研发活动的高投入与高风险需要丰富的人力资本培育来对环境规制转移的负外部性社会成本进行稀释；在第（2）列中，第一产业比重对农业技术创新的影响为负且显著，第（1）列中该影响为正但不显著，从生产可能性边界的视角去理解：当第一产业比重在整个国民经济的比重越大时，第一产业相对于其他产业的边际转换率越大，此时其他产业在国民经济的比重加速变小，失衡的国民经济结构对农业技术创新显然是不利的，因其有退化到自给自足的农业经济倾向；第（1）列中技术市场成交额对农业技术创新的影响显著为正，符合预先讨论的逻辑：技术市场成交额可反映农业技术创新在市场上的交易活跃度；农业机械总动力对农业技术创新的影响均为正向且显著，可能是农业机械总动力表征的农业机械化程度发展会带动农业技术创新向纵深发展；第（1）列金融发展水平对农业技术创新的影响为正，由于农业企业较高的前期投资与财务杠杆，且周转周期较长，故环境规制对农业企业将带来一定的财务压力，因此较高的金融发展水平将在一定程度上放宽农业企业的融资约束，纾困农业企业资金周转。

（二）中介效应分析

虽然基准模型的结果显示环境规制对农业技术创新有促进作用，但环境规制是否通过影响农业 FDI 对农业技术创新产生作用需要进一步分析。基于 2004～2017 年我国 30 个省份的面板数据，运用中介效应分析方法，检验结果如表 3 所示。

表 3　　　　　　　　　　中介效应估计与检验结果

变量	(1) c lnIAT	(2) a lnAFDI	(3) b、c lnIAT
lnEG	-0.3390 *** (0.0768)	-0.7750 *** (0.0992)	-0.0631 (0.0731)
lnAFDI			0.3558 *** (0.0339)
控制变量	Control	Control	Control
常数	-14.3849 *** (1.0825)	-11.7102 *** (1.3978)	-10.2181 *** (1.04111)
Adj－R^2	0.7587	0.6412	0.8092
N	420	420	420

续表

变量	(1) c lnIAT	(2) a lnAFDI	(3) b、c lnIAT
F	220.57 (0.0000)	125.77 (0.0000)	254.83 (0.0000)
Sobel 检验		-6.268 (0.0000)	
Bootstrap 检验		[-0.3571,-0.1986]	

注：***、** 和 * 分别表示在1%、5%和10%的显著性水平上显著，括号内数字为对应估计系数标准误。Sobe 检验和 Bootstrap 检验的对象为整个中介效应检验的联立方程组，其原假设为 ab=0，Sobel 检验报告 Z 统计量与 p 值，Bootstrap 检验报告95%置信度下置信区间。

表3第一列估计结果给出了环境规制对农业技术创新的总效应 c 的估计结果，其显示环境规制在1%的显著性水平上对农业技术创新进程起负向作用，总效应为 -0.3390，以中介效应立论。环境规制对农业技术创新的 FDI 中介效应与直接效应的估计由第（2）列和第（3）列展示。其中环境规制对农业 FDI 的流入起抑制作用、农业 FDI 的流入对农业技术创新起促进作用，且均在1%的显著性水平成立，由前文中介效应机制图可知，系数为 -0.7750，系数为0.3558，中介效应存在且显著，为确保中介效应的稳健性，本文对原假设分别进行 Sobel 检验和 Bootstrap 检验，结果均为显著不为0，中介效应存在，验证了假设2。在系数 = -0.0631 不显著的情况下，说明在中介效应模型下环境规制虽在总体上不利于 FDI 的流入，但在严格的环境规制下仍然进入国内的 FDI 将发挥相当程度的创新溢出效应。中介效应占总效应的比例为81.36%。各控制变量的符号与显著性无明显变化，故在此不再赘述。由中介效应的结果可知，在环境规制对农业技术创新的直接效应成立的情况下，由农业 FDI 引入带来的"污染光环效应"，使得农业技术创新在一定程度上得到技术外溢的好处，从而促进农业技术创新的实现。

（三）东、中、西部地区的农业 FDI 中介效应异质性分析

为对环境规制引发农业 FDI 的"污染避难所"假说进行验证，本研究拟从东、中、西部地区环境规制对农业技术创新的农业 FDI 中介效应异质性出发进行考量，东、中、西部地区的异质性分析如表4所示。

表 4　　　　东、中、西部地区中介效应估计与检验结果

变量	(1) c lnIAT （东）	(2) a lnAFDI （东）	(3) b、c lnIAT （东）
lnEG	-0.5365*** (0.1247)	-0.7806*** (0.1120)	-0.0339 (0.1165)
lnAFDI			0.6438*** (0.0718)
控制变量	Control	Control	Control
常数	-14.3849*** (1.0825)	-11.7102*** (1.3978)	-12.5638*** (2.0154)
Adj-R^2	0.7222	0.6935	0.8139
N	168	168	168
F	73.36 (0.0000)	125.77 (0.0000)	105.27 (0.0000)
Sobel 检验		-5.501*** (0.0000)	
Bootstrap 检验		[-0.6838, -0.3414]	
变量	(4) c lnIAT （中）	(5) a lnAFDI （中）	(6) b、c lnIAT （中）
lnEG	0.0762 (0.1213)	-0.2286*** (0.0676)	0.0735 (0.1283)
lnAFDI			-0.0116 (0.1759)
控制变量	Control	Control	Control
常数	-15.6309*** (1.9614)	-0.6741 (1.0936)	-15.6387*** (1.9743)
Adj-R^2	0.7818	0.8140	0.8139
N	112	112	112
F	81.98 (0.0000)	62.72 (0.0000)	69.60 (0.0000)
Sobel 检验		0.6606 (0.9473)	
Bootstrap 检验		[-0.0703, 0.2089]	

续表

变量	(7) c lnIAT （西）	(8) a lnAFDI （西）	(9) b、c lnIAT （西）
lnEG	-0.2198 (0.1480)	-0.4884*** (0.1813)	-0.0301 (0.1342)
lnAFDI			0.3884*** (0.0625)
控制变量	Control	Control	Control
常数	-16.6058*** (1.1817)	-12.2125*** (2.2259)	-12.5638***
Adj-R²	0.8264	0.6501	0.8139
N	140	140	140
F	73.36 (0.0000)	44.05 (0.0000)	105.27 (0.0000)
Sobel 检验		-2.471*** (0.0137)	
Bootstrap 检验		[-0.4839, -0.1271]	

注：***、**和*分别表示在1%、5%和10%的显著性水平上显著，括号内数字为对应估计系数标准误。Sobe 检验和 Bootstrap 检验的对象为整个中介效应检验的联立方程组，其原假设为 ab=0，Sobel 检验报告 Z 统计量与 p 值，Bootstrap 检验报告95%置信度下置信区间。

从表4的 Sobel 检验、Bootstrap 检验可知，东部和西部地区的环境规制对农业技术创新的 FDI 中介效应显著存在，占总效应的比重分别为93.68%、86.29%，且 FDI 对农业技术创新的影响系数为0.6438与0.3884，可推测东部地区在吸收 FDI 的过程中，其技术水平与研发实力相比西部地区吸收的 FDI 而言更高，因此 FDI 在东部地区为"创新补偿效应"的实现贡献了更大份额。对中部地区中介效应不显著而西部地区显著的一个可能解释是西部地区在转移支付与政策引资政策优惠力度上的优势更大，且西部地区第一产业占比较高，但由于其地广人稀的地理特征，环境规制对农业技术创新的整体影响并不显著。东部地区的系数符号与大小和全国层面呈现出较大的吻合程度，且 FDI 的技术外溢性更大，基本符合我国现实情况，说明环境规制对农业技术创新的 FDI 中介效应较为稳健。

（四）稳健性分析

1. 替换核心解释变量的稳健性检验

为了进一步确保研究结论的可靠性，在基准回归的基础上，通过替换核心解释变量的衡量指标来进行稳健性检验，本文借鉴李凯杰、王怀民

(2021)以及董直庆、王辉(2019)的做法,将环境规制的衡量指标替换为降水量,这是因为环境规制程度与当地污染排放情况有关,而污染排放与地区降水有关,降雨量较为充沛的地区,环境质量相对较好,环境规制程度则相对较低,同时降雨量具有良好的外生性,因此本文取各省份降水量的自然对数为环境规制的替代变量,重新估计了环境规制对农业技术创新的直接影响以及环境规制基于FDI对农业技术创新的间接影响。

结果如表5所示,从(1)列结果来看降水量对农业技术创新影响显著为正,降水量越多,环境规制相对较弱,越有利于农业技术创新。这与"我国环境规制对农业技术创新的直接效应处于'创新抵消'效应阶段"的结论一致。从(2)列的结果来看,降水量对FDI的影响显著为正,说明降水量越多,环境规制相对较弱,FDI流入较多。从(3)列结果来看,FDI对农业技术创新影响显著为正。以上均说明本文的实证结果具有较强的稳健性。

表5 替换核心解释变量的稳健性检验

变量	(1) lnIAT	(2) lnAFDI	(3) lnIAT
lnJS	0.710 *** (3.69)	0.266 ** (2.16)	
lnAFDI			0.003 * (1.90)
lnratio – Agri	– 0.440 *** (– 3.22)	– 0.521 *** (– 5.98)	– 0.024 ** (– 2.09)
lndeal – Tech	0.120 *** (3.09)	0.119 *** (4.77)	– 0.003 (– 0.90)
lndev – Finance	0.942 *** (4.60)	0.734 *** (5.62)	– 0.043 ** (– 2.47)
lnmach – Agri	0.782 *** (6.51)	0.193 ** (2.52)	– 0.019 * (– 1.88)
lnper – EDU	7.358 *** (10.98)	3.186 *** (7.45)	0.100 * (1.75)
常数	– 25.400 *** (– 12.17)	– 6.883 *** (– 5.16)	0.968 *** (9.44)
N	420	420	420
R^2	0.821	0.779	0.055
固定效应	YES	YES	YES

注:***、**和*分别表示1%、5%和10%的显著性水平;括号内为p值。

2. 更换估计方法的稳健性检验

考虑到系统矩估计法（SYS – GMM）可以生成 GMM 式工具变量，从而使得估计系数的偏误减少。本研究采用系统矩估计法进行更换估计方法的稳健性检验。

从表 6 可以看出，农业技术创新的 1 期滞后对当期农业技术创新有正向影响，2 期滞后项影响系数为负，符合技术创新循环累积的发展趋势。由 AR(1) 的 p 值为 0.001，AR(2) 的 p 值为 0.834，说明 GMM 估计结果的扰动项不存在二阶或更高阶自相关，由 Sargan 检验的 p 值为 0.882 可得，所有 GMM 式工具变量均有效。在系统矩估计方法下，环境规制对农业技术创新的影响为正向且在 1% 的水平上显著。与前文回归结果基本一致，说明本研究的实证结果较为稳健。

表 6　　　　　　　　　　系统矩估计法的稳健性检验

变量	SYS – GMM
L1. lnIAT	0.8207 ***
	(0.0268)
L2. lnIAT	− 0.3451 ***
	(0.0302)
lnEG	14.8326 ***
	(5.2964)
控制变量	Control
常数	− 11.9543 ***
	(0.3894)
N	360
AR(1)	0.001
AR(2)	0.834
Sargan 检验	0.882

注：除 Arellano – Bond 和 Sargan 检验的括号内数字为 p 值外，括号内数字为标准误，*** 、** 和 * 分别表示在 1% 、5% 和 10% 的显著性水平。

3. 样本考察期区间变动的稳健性检验

本研究拟以 2010 年为时间节点（因 2010 年是我国经济由高速增长转向中高速增长的转折年）将实证研究样本考察期分为两个区间，即 2004 ~ 2009 年与 2010 ~ 2017 年两个子样本区间。利用时间固定的 OLS 方法将基准回归中环境规制对农业技术创新影响进行再检验，结果如表 7 所示。

表 7　　　　　　　　样本考察期区间变动的稳健性估计结果

样本时间区间	2004~2009 年 OLS	2010~2017 年 OLS
lnEG	-0.0579** (0.0245)	-0.0932*** (0.0188)
lnper-EDU	0.7179*** (0.1360)	1.3051*** (0.1101)
lnratio-Agri	0.0454* (0.0248)	0.0165 (0.0223)
lndeal-Tech	0.1136*** (0.0104)	0.1014*** (0.0082)
lnmach-Agri	0.0784*** (0.0146)	0.0776*** (0.0158)
lndev-Finance	0.3614*** (0.0467)	0.2112*** (0.0562)
常数	-1.8287*** (0.3733)	-3.3502*** (0.2980)
时间固定效应	YES	YES
N	210	210
R^2	0.7659	0.8299

注：***、**和*分别表示1%、5%和10%的显著性水平，列括号中为聚类稳健标准误。

从表7可知，样本考察期区间变动的环境规制强度对农业技术创新指标的影响与基准回归一致，均为负向作用，且影响系数从-0.0579到-0.0932，说明考察期我国环境规制对农业技术创新的影响更多地停留在"创新抵消效应"阶段，可能的原因是我国经济自2010年由高速增长转为中高速增长以来，经济结构转型的压力增大，环境规制强度的增加对农业技术创新的影响还未到"波特假说"所提到的"创新补偿效应"的阶段，从负向影响增大的结果来看，我国环境规制政策需要与多种政策工具一起使用，尽量在促进农业技术创新（至少不会使农业技术创新情况变差）的前提下进行政策工具的施行与运用。

六、结论与启示

主要对前文中研究进行总结归纳，并以研究结论为依据，结合中国实际情况，从四个方面提出政策建议。

（一）研究结论

第一，环境规制对农业技术创新的直接效应方面。在全国层面，环境规制对农业技术创新产生微弱的负向作用，环境规制强度每提高1个百分点，农业技术创新下降不超过0.1个百分点。反映了在计量意义上全国层面我国环境规制对农业技术创新的直接效应仍处于"创新抵消"效应阶段，即"补偿效应"小于"抵消效应"，多种计量方法验证了这一结论的稳健性。

第二，环境规制对农业技术创新的FDI间接效应方面。环境规制通过对较低清洁技术水平的FDI驱离，筛选出符合环境规制政策的具备较高清洁技术水平的外资，从而对农业技术创新产生促进作用。中介效应检验符合上述描述，且全国层面中介效应占比为81.36%。

第三，控制变量方面。人均受教育年限、金融发展水平、农业机械总动力三者显著对农业技术创新产生促进作用，可能原因是人力资本培育与综合素质的提高对农业技术创新提供了研发人员储备；农业机械总动力表征的农业机械化程度发展会为农业技术创新提供生产资料与物质基础；金融发展水平可在一定程度上放宽农业企业的融资约束。

第四，从中介效应的地区异质性进行总结。东部地区和西部地区的环境规制对农业技术创新的FDI中介效应显著存在，占总效应的比重分别为93.68%、86.29%，而中部地区的环境规制对农业技术创新的FDI中介效应不显著。除此之外，东部地区FDI对农业技术创新的促进作用大于西部地区，东部地区FDI的"创新补偿效应"更明显。

（二）政策建议

农业技术创新对解决"三农"问题、契合新发展理念、实现"五位一体"总布局具有重大意义，但由于知识技术外溢的正外部性与环境污染的负外部性的两难矛盾存在，往往导致农业技术创新不足与环境污染加剧的"囚徒困境"，需要政府采取适当的环境规制政策进行调控。本研究为环境规制政策工具的运用以及外商直接投资的引进如何促进农业技术创新提供综合分析框架，也对完善农业环境规制体系、优化农业生产环境、提高农业生产效率具有实践指导意义。具体可从以下四个方面出发，制定相关政策以促进环境规制对农业技术创新"补偿效应"的实现。

1. 合理制定推行环境规制政策，夯实政策能力坚强地基

完善政府与环保部门的顶层设计，对财权事权进行合理划分，提高环境规制相关职能部门的行政能力，提高正式环境规制制度制定的规范性与合理性，发挥非正式环境规制制度的作用，具体包括公众监督、新闻媒体监督等渠道的畅通。政府应对地区环境污染现状与农业技术创新的现状进行详细深入的调研，获取第一手资料，实事求是地为政策制定提供参考，避免因正式环境规制制度强度过大而影响农业企业正常的生产经营，大力促进生物科技与信息技术在现代农业生产中所占的比例，推行技术结合下的生态农业与循环经济，逐步分批次淘汰高污染、高排放的落后产能，力争在达到环境规制目的下实现政策中性。

2. 继续推动农业对外开放稳步推进，把控 FDI 质量关卡

农业企业应根据自身技术实力与承受的环境规制强度合理引进外资，吸收高研发实力外国资本的先进技术与管理经验，拓宽农业企业长期发展的护城河。除此之外，政府应配合农业企业的发展制定合理的引资政策，既要吸收先进环境治理技术，又不能丧失农业企业生产的独立性，农业生产关系国计民生，应牢牢把握关键龙头农业企业的控制权，政府可引导外商与国内农业企业建立研发层面的合作关系。FDI 的引入应该考虑农业产业链不同环节污染程度差异性，针对高排放高污染环节，如农药化肥的生产，应利用政策鼓励外资企业与本地企业的产学研融合，加强国内高校研究人员与外企技术人员的合作交流，完善农业技术创新知识产权保护制度，净化市场环境，减少农业技术创新"搭便车"现象的发生，激发企业对农业技术创新研发投入的积极性，提高农业技术创新效率。

3. 精心培育农业人力资本，提高农业行业整体工资率

加大对农业技术人员与研发人员人力资本培育力度，形成宽领域、多层次、高标准的农业教育体系，加强政府、高校与农业企业之间的政产学研联动，加大国内农业领域高等教育投入力度，培育具有工匠精神的农业职业技术教育，根据学科交叉特点培育复合型农业人才，加强各学科人才之间交流合作，共同促进农业技术创新的发展。除此之外，农业产品关乎国计民生，我国长期实行农产品指导价格制度，更需要财政对农业行业研发人员与从业人员进行激励，使得农业行业从业人员工资率与经济发展程度相匹配，对就业市场形成指向作用，提高农业行业对人才的吸引力，使人才"愿意来""留得住"，提升农业从业人员的获得感与幸福感。

4. 改善农业创新环境，合理规划区域建设

首先，要继续加大政府对农业创新的支持力度，建立起农业研发投入的长效增长机制，确保财政投资用于创新的总量逐步增加。其次，要提高政策的系统性、针对性、协调性，保证创新资源的合理化配置，并制定配套的评估监督标准，保证资金的有效运用。除此之外，要加强农业基础设施建设，通过农业综合开发等项目，改善农业的生产与发展条件，同时要积极引导和调动社会资本和各方力量的投入，加大基础建设的投资力度。最后，要加强金融市场对农业科研活动的支持力度，优化农村金融政策体系，从而降低农业技术创新的融资成本、提高资金的使用效率。此外，应注意到东部、中部、西部地区经济水平、农业发展环境的差异，给予中部地区与西部地区一定的政策倾斜，并加强东部地区与中西部地区的农业创新交流与合作，以促进技术、信息等创新资源的有效流动与合理化配置。

参 考 文 献

[1] 钞小静、沈坤荣：《城乡收入差距、劳动力质量与中国经济增长》，载《经济研究》2014年第6期。

[2] 党玉婷、盛丹：《"污染避难所"假说检验——基于中国与美国、日本、德国双边贸易内涵污染的实证研究》，载《现代经济探讨》2018年第3期。

[3] 董直庆、王辉：《环境规制的"本地—邻地"绿色技术进步效应》，载《中国工业经济》2019年第1期。

[4] 郭建万、陶锋：《集聚经济、环境规制与外商直接投资区位选择——基于新经济地理学视角的分析》，载《产业经济研究》2009年第4期。

[5] 黄菁：《外商直接投资与环境污染——基于联立方程的实证检验》，载《世界经济研究》2010年第2期。

[6] 黄德春、刘志彪：《环境规制与企业自主创新——基于波特假设的企业竞争优势构建》，载《中国工业经济》2006年第3期。

[7] 黄平、胡日东：《环境规制与企业技术创新相互促进的机理与实证研究》，载《财经理论与实践》2010年第1期。

[8] 侯伟丽、方浪、刘硕：《"污染避难所"在中国是否存在？——环境管制与污染密集型产业区际转移的实证研究》，载《经济评论》2013年第4期。

[9] 蒋含明：《外商直接投资知识溢出、信息化水平与技术创新能力》，载《江西财经大学学报》2019年第1期。

[10] 李子豪、刘辉煌：《外商直接投资、技术进步和二氧化碳排放：基于中国省际数据的研究》，载《科学学研究》2011年第10期。

[11] 李强、聂锐：《环境规制与区域技术创新——基于中国省际面板数据的实证分析》，载《中南财经政法大学学报》2009年第4期。

[12] 李凯杰、王怀民：《FDI、环境规制和我国城市技术进步偏向性》，载《上海经济研究》2021年第5期。

[13] 彭文斌、路江林：《环境规制与绿色创新政策：基于外部性的理论逻辑》，载《社会科学》2017年第10期。

[14] 石大千、杨咏文：《FDI与企业创新：溢出还是挤出？》，载《世界经济研究》2018年第9期。

[15] 吴玉鸣：《外商直接投资与环境规制关联机制的面板数据分析》，载《经济地理》2007年第1期。

[16] 王永军、邱兆林：《FDI技术溢出、自主研发与内资企业技术创新——以中国高技术产业为例》，载《河北经贸大学学报》2016年第6期。

[17] 徐亚静、王华：《开放条件下的外商直接投资与中国技术创新》，载《国际贸易问题》2011年第2期。

[18] 叶娇、王佳林：《FDI对本土技术创新的影响研究——基于江苏省面板数据的实证》，载《国际贸易问题》2014年第1期。

[19] 余伟、陈强、陈华:《环境规制、技术创新与经营绩效——基于37个工业行业的实证分析》,载《科研管理》2017年第2期。

[20] 赵红:《环境规制对企业技术创新影响的实证研究——以中国30个省份大中型工业企业为例》,载《软科学》2008年第6期。

[21] 张克俊:《现代农业产业体系的主要特征、根本动力与构建思路》,载《华中农业大学学报(社会科学版)》2011年第5期。

[22] 赵莉、胡逸群:《FDI技术溢出对制造业创新能力的影响——基于吸收能力的中介作用》,载《科技管理研究》2018年第18期。

[23] 张金鑫、王红玲:《环境规制、农业技术创新与农业碳排放》,载《湖北大学学报(哲学社会科学版)》2020年第4期。

[24] 曾国安、马宇佳:《论FDI对中国本土企业创新影响的异质性》,载《国际贸易问题》2020年第3期。

[25] Adam, B., Jaffe, S. R., Peterson, P. R. P., and Robert N. S., 1995: Environmental Regulation and the Competitiveness of U. S. Manufacturing: What Does the Evidence Tell Us?, *Journal of Economic Literature*, Vol. 33, No. 1.

[26] Caves., 1974: Multinational Firms, Competition, and Productivity in Host - Country Markets, *Economica*, Vol. 41, No. 162.

[27] Walley, N. and Whitehead, B., 1994: It's Not Easy Being Green, *Harvard Business Review*, Vol. 72, No. 5.

Environmental Regulation, FDI and Agricultural Technological Innovation
—An Empirical Analysis Based

Cuixia Qiao   Xinyu Wang

Abstract: Using the provincial panel data from 2004 – 2017, the influence of environmental regulation on agricultural technology innovation and the intermediary effect of studied from the eastern, central and western regions by constructing the fixed effect model. The research found that environmental regulation has a weak negative effect on agricultural technology innovation at the national level; Environmental regulation drives the FDI with a lower level of cleaning technology, Screout foreign capital with higher clean technology level in line with environmental regulatory policies, To promote the agricultural technology innovation, The intermediary effect inspection meets the above description, And the national level of the intermediary effect accounts for 81.36%; The per capita length of education, financial development level and the total power of agricultural machinery have a significant role in promoting agricultural technological innovation; Heheterogeneity analysis revealed, FDI intermediary effect of environmental regulation in eastern and western regions on agricultural technological innovation exists significant but not in central region, The proportion of the total effect was 93.68% and 86.29%, respectively. And FDI in the eastern region promotes agricultural technology innovation more than that in the western region.

KeyWords: Environmental Regulation FDI Agricultural Technology Innovation Intermediary Effect

JEL Classification: Q56 F21 Q55

制度创新、空间溢出与经济增长

——对中国自由贸易试验区的实证检验

马　宇　张婷婷　魏丹琪　张　扬[*]

摘　要：自由贸易试验区是打造中国经济升级版的重要载体，其核心是制度创新。基于2005~2018年53个城市的面板数据，采用空间双重差分模型实证分析自由贸易试验区制度创新对经济增长的空间溢出效应。结果表明，自由贸易试验区能够显著促进区内经济增长，且对周边地区经济增长存在正向溢出效应；沿海型自由贸易试验区在促进区内经济增长的同时还会促进周边地区经济增长，内陆型自由贸易试验区的经济增长效应主要体现在促进区内经济增长，并未对周边地区经济增长产生显著影响。另外，机制检验结果表明，政府规模的扩大会削弱自由贸易试验区设立对区内以及周边地区经济增长的促进作用。据此，提出应大力发展自由贸易试验区战略，促进不同类型自由贸易试验区差异化发展，合理控制政府规模等政策建议。

关键词：自由贸易试验区　制度创新　空间溢出　经济增长

一、引　言

2020年9月21日，《国务院关于印发北京、湖南、安徽自由贸易试验区总体方案及浙江自由贸易试验区扩展区域方案的通知》下发，至此，我国已分六个批次设立21个自由贸易试验区。自由贸易试验区是我国经济"新常态"下深化改革和扩大开放的一项重大战略，体现了我国积极参与全球经济治理的担当和在逆全球化背景下推进经济全球化的信心。随着外需对经济增长拉动作用的下降以及人口红利的消失，我国经济增长的要素驱动模式亟须向创新（尤其是自主创新）驱动转变，而创新不仅包括企业和个人层面的创新，也包括国家的制度创新。自由贸易试验区旨在通过区内的"国家试验

---

[*] 马宇：山东工商学院金融学院；地址：山东省烟台市莱山区滨海中路191号，邮编264005；E-mail：my555@163.com。
张婷婷（通讯作者）：首都经济贸易大学经济学院；地址：北京市丰台区花乡张家路口121号，邮编100070；E-mail：845896691@qq.com。
魏丹琪：兰州大学经济学院；地址：甘肃省兰州市城关区天水南路222号，邮编730000；E-mail：weidanqi_1212@163.com。
张扬：国家税务局北京市燕山地区税务局；地址：北京市房山区燕山高家坡1号，邮编：100000；E-mail：275359232@qq.com。

田"探索促进经济增长并可在全国范围内复制和推广的制度创新，从而为加快我国经济结构转型与升级、完善对外开放格局、提升国家核心竞争力注入新的活力，为经济增长提供新的动能。

自由贸易试验区制度创新是否能够促进经济增长，其对周边地区经济增长是否存在溢出效应，以及如何使自由贸易试验区更好地服务于经济增长，成为学术界的焦点问题。大多学者认为自由贸易试验区能够显著促进经济增长（丁国杰，2014；谭娜等，2015；郑杨，2017）。江若尘等（2014）认为，上海自由贸易试验区在投资、贸易及金融方面的改革会对高端要素集聚产生"虹吸效应"，理论上有利于上海经济增长。王利辉、刘志红（2017）使用合成控制法，通过实证检验得出上海自由贸易试验区能够显著促进上海经济增长的结论。任再萍等（2016）使用 Dendrinos – Sonis 模型分析自由贸易试验区协同互补效应，发现自由贸易试验区协同互补效应大于竞争效应，并提出应加强自由贸易试验区之间联动发展的政策建议。殷华、高维和（2017）基于"反事实"思维视角进行实证分析，发现上海自由贸易试验区可以通过产生"制度红利"促进当地经济增长。刘秉镰、吕程（2018）、叶霖莉（2020）评估了上海、天津、广东、福建四个自由贸易试验区设立的经济效应，发现四个自由贸易试验区均能够促进经济增长。

也有学者提出不同意见，认为自由贸易试验区建设还面临很多挑战（张国庆，2014）。张相文、向鹏飞（2013）认为自由贸易试验区实行的负面清单制度虽然旨在扩大开放，促进经济增长，但其在投资领域却是初次使用，存在负面清单质量、冲击国内薄弱产业、隐性壁垒等不利于经济增长的问题。罗素梅、赵晓菊（2014）发现，自由贸易试验区放松资本管制政策会引起区内外资本大规模流动，从而给金融市场和实体经济稳定带来巨大冲击。一些学者发现自由贸易试验区对周边地区经济增长存在负向溢出效应，祖明（2014）认为上海自由贸易试验区的发展建设会对嘉兴市高端产业、金融业务、外汇市场、总部经济产生"虹吸效应"，不利于嘉兴经济增长。滕永乐、沈坤荣（2014）发现上海自由贸易试验区短期内会对周边省份经济增长产生负向影响。

综观现有文献可以发现，评估自由贸易试验区经济增长效应的成果已有很多，但还未得出一致结论，大多学者认为自由贸易试验区的制度创新可以促进经济增长，也有部分学者认为短期内自由贸易试验区会带来"虹吸效应"，不利于周边地区经济增长。另外，现有文献还存在几点不足：首先，大多研究自由贸易试验区的文献采用省级数据，但自由贸易试验区只是直辖市或者一省的小部分区域，使用省级数据对其进行研究并不十分恰当；其次，大多学者研究自由贸易试验区设立对区内经济增长的影响，很少有文献定量评估自由贸易试验区设立对周边地区经济增长的溢出效应。为了研究自由贸易试验区制度创新对区内经济增长的影响以及其对周边地区经济增长的溢出效应,本文基于 2005~2018 年中国市级面板数据,使用双重差分空间杜宾模型进行实证检验,创新点体现在以下三个方面:第一,同时研究多个自由贸易试验区设立对经济增长的影响,弥补现有文献的样本局部性;第二,使用城市数据而非省际数据进行研究,更符合自由贸易试验区只是直辖市或一省小部分区域的实际情况;第三,在现有 DID 模型基础上引入空间因素,在分析自由贸易试验区政策对区内经济增长影响的同时研究自由贸易试验区设立对周边地区经济增长的溢出效应。

二、模型与变量

(一) 模型设定

为了同时研究自由贸易试验区对区内经济增长的影响以及对周边地区经济增长的溢出效应,借鉴 Bell (2010)、Heckert and Mennis (2012)、Dubé et al. (2014) 的研究,将空间因素加入传统双重差分模型中,构建如式 (1) 所示双重差分空间杜宾模型。

$$Y = \rho WY + DID\beta_1 + WDID\beta_2 + X\gamma_1 + WX\gamma_2 + \Xi \qquad (1)$$

其中,Y 为被解释变量;DID 为核心解释变量;X 代表一系列控制变量;ρ 为空间自相关系数;W 为人均实际地区生产总值构建的"经济距离"空间权重矩阵,用于表示空间单元与其周边地区之间的邻近关系;WY、WDID 和 WX 分别考虑了被解释变量、核心解释变量以及控制变量的空间依赖。β_1、β_2、γ_1、γ_2 为待估参数,Ξ 是误差项向量。

需要注意的是,如果空间自相关系数 ρ 不为零,则对回归系数 β_1、β_2、γ_1、γ_2 的解释便不同于传统模型回归系数的解释,即回归系数不能直接解释自变量变化对因变量的影响。为了对模型中的回归系数进行合理解释,首先需要对式 (1) 进行改写。

$$(I_n - \rho W)Y = DID\beta_1 + WDID\beta_2 + X\gamma_1 + WX\gamma_2 + \Xi \qquad (2)$$

$$Y = S(W)DID + U(W)X + V(W)\Xi \qquad (3)$$

其中,$V(W) = (I_n - \rho W)^{-1}$,$S(W) = V(W) \times (I_n\beta_1 + W\beta_2)$,$U(W) = V(W) \times (I_n\gamma_1 + W\gamma_2)$。为了解释 $S(W)$ 的作用,式 (3) 可写为:

$$\begin{bmatrix} Y_1 \\ Y_2 \\ \vdots \\ Y_n \end{bmatrix} = \begin{bmatrix} S(W)_{11} & S(W)_{12} & \cdots & S(W)_{1n} \\ S(W)_{21} & S(W)_{22} & \cdots & S(W)_{2n} \\ \vdots & \vdots & \ddots & \vdots \\ S(W)_{n1} & S(W)_{n2} & \cdots & S(W)_{nn} \end{bmatrix} \times \begin{bmatrix} DID_1 \\ DID_2 \\ \vdots \\ DID_n \end{bmatrix}$$

$$+ \sum_{r=1}^{k} U_r(W)X_r + V(W)\Xi \qquad (4)$$

其中 $r = 1, 2, \cdots, k$ 为控制变量个数。

j 城市 DID 变化引起 i 城市被解释变量变化可通过 Y_i 对 DID_j 求偏导得出，如式（5）；i 城市 DID 变化引起 i 城市被解释变量变化可通过 Y_i 对 DID_i 求偏导得出，如式（6）。

$$\frac{\partial Y_i}{\partial DID_j} = S(W)_{ij} \tag{5}$$

$$\frac{\partial Y_i}{\partial DID_i} = S(W)_{ii} \tag{6}$$

其中，$S(W)_{ij}$、$S(W)_{ii}$ 分别为 $S(W)$ 中第 i 行、第 j（或 i）列的元素。

（二）指标选取与统计性描述

（1）被解释变量。需要度量的被解释变量是地区经济增长，参照程立茹、王分棉（2013）、董艳梅、朱英明（2016）的研究，采用各城市地区生产总值 GDP 来衡量。

（2）核心解释变量。衡量自由贸易试验区对经济增长的影响，关键在于选取自由贸易试验区这一核心解释变量。借鉴周黎安、陈烨（2005）、张璇等（2019）、权小锋等（2020）的研究，设立自由贸易试验区由虚拟变量 did 衡量，若样本城市设立自由贸易试验区，当年及以后年度，did = 1；其余情况下，did = 0。

（3）控制变量。根据新古典经济学经典模型 $Y = AK^\alpha L^\beta$，资本存量、劳动力与技术进步是影响经济增长的重要因素。另外，对外贸易可以通过促进技术进步和引进先进管理经验等途径促进地区经济增长（Romer, 1986; Lichtenberg and Potterie, 1996; Keller, 2002; Blyde, 2004; 丁正良、纪成君，2014）；但随着开放度的提高，国内经济增长受到国际经济波动的影响也会提高，这可能会对国内经济增长产生不利影响（孙早等，2015）。考虑到上述影响经济增长的因素，在模型中加入以下控制变量：

固定资产投资。投资是促进经济增长的"三驾马车"之一，对经济增长具有重要的拉动作用，固定资产投资能够有效增加社会财富存量，对于地区经济增长具有较大影响（林毅夫、刘培林，2003；沈坤荣、孙文杰，2004；刘瑞明、赵仁杰，2015），参照宋丽智（2011）的做法，采用固定资产投资来衡量。

劳动力水平。人口红利为我国经济增长提供了有利的劳动力条件，可以显著促进经济增长（郭凯明等，2013；郑君君等，2014）。基于数据可得性，并参照董敏杰、梁泳梅（2013）、李敬等（2014）的研究，选取各城市年末城镇从业人员数作为劳动力水平的衡量指标。

技术水平。技术进步是经济可持续发展的必要前提（赵文军、于津平，2012）。高凌云、王洛林（2010）研究发现，大多三位码工业行业能够通过提高技术效率的方式作用于全要素生产率，从而促进经济增长。参照张军等

(2019) 的研究，采用每百万人专利拥有量来衡量技术进步。

贸易开放度。根据周少甫等（2013）、张杰等（2016）、高翔、黄建忠（2017）的研究，贸易开放度会对经济增长产生不可忽视的影响。借鉴张成思等（2013）、钞小静、沈坤荣（2014）、邢天才、张梦（2018）的研究，采用各地区贸易依存度（各城市进出口总额与其国内生产总值的比值）为贸易开放水平的代理变量，并将其纳入模型中。

各变量说明如表 1 所示。

表 1　　　　　　　　　　　　变量说明

变量类型	变量名称	变量含义	变量处理方法
被解释变量	lnGDP	地区生产总值	对地区生产总值进行对数化处理
	lnperGDP	人均地区生产总值	对人均地区生产总值进行对数化处理
核心解释变量	did	自由贸易试验区	属于政策变量，用 0 或 1 表示
控制变量	lni	固定资产投资	对固定资产投资进行对数化处理
	labor	劳动力水平	对城镇年末从业人员数进行对数化处理
	technology	技术水平	专利授权数/地区年末总人口
	wmi	贸易开放水平	进出口总额/地区生产总值
机制变量	gov	政府规模	地方财政一般预算内支出/地区生产总值

（三）研究样本及研究数据

截至 2020 年 12 月，我国共批准设立 21 个自由贸易试验区。由于 2019 年设立的山东、江苏、广西、河北、云南、黑龙江自由贸易试验区以及 2020 年设立的北京、湖南、安徽自由贸易试验区的经济增长效应还未体现出来，因此未将其列入处理组。基于以上，将上海、广东、天津、福建、辽宁、浙江、河南、湖北、重庆、四川、陕西、海南自由贸易试验区的相关城市作为处理组①，另选取与设立自由贸易试验区城市发展水平相近的未设立自由贸易试验区城市作为控制组②。

按照表 1 所列指标，构建 2005～2018 年 53 个城市的面板数据。2005～2016 年 GDP 数据、人均 GDP 数据、固定资产投资数据来自国研网统计数据库，缺失值及 2017 年、2018 年数据来源于各城市《国民经济和社会发展统

---

① 处理组包括上海、广州、深圳、珠海、天津、福州、厦门、大连、沈阳、营口、舟山、郑州、开封、洛阳、武汉、襄樊（2010 年湖北省襄樊市更名为襄阳市）、宜昌、重庆、成都、泸州、西安、咸阳、海口、三亚。由于海南省的三沙市和儋州市数据缺失，故未将其列为研究样本。

② 控制组包括北京、杭州、宁波、济南、青岛、南京、南宁、石家庄、昆明、哈尔滨、长春、太原、长沙、合肥、西宁、兰州、南昌、贵阳、呼和浩特、乌鲁木齐、银川。

计公报》及《中国统计年鉴》。年末总人口,从业人员,地方财政一般预算内支出数据来自《中国城市统计年鉴》。专利授权数及进出口总额①来源于各城市《国民经济和社会发展统计公报》及《统计年鉴》。另外,以2005年为基期,使用各地区物价指数②对被解释变量和部分解释变量原始数据做平减以消除通货膨胀影响。

根据上述处理方法,得到相关变量的描述性统计如表2所示。

表2　　　　　　　　　　变量的描述性统计

变量名	单位	均值	标准差	最小值	最大值
lnGDP	亿元	7.5229	1.0217	4.3070	10.0526
lnperGDP	元/人	10.5139	0.5959	8.6459	11.7936
did	—	0.1119	0.3154	0	1
lni	亿元	6.8385	1.6351	-3.9362	9.5124
labor	万人	4.2989	0.9086	1.7029	6.8610
technology	件/百万人	0.1545	0.2888	0.0011	3.0712
wmi	—	0.4522	0.6604	0.0062	6.0210
gov	—	0.1448	0.0848	0.0542	1.9364

三、实证结果及分析

(一)空间相关性检验

采用Moran's I指数检验被解释变量——各城市经济增长对数值(lnGDP)的空间相关性,Moran's I指数计算方法如式(7)所示:

$$I = \frac{n}{\sum_{i=1}^{n}\sum_{j=1}^{n}W_{ij}} \cdot \frac{\sum_{i=1}^{n}\sum_{j=1}^{n}W_{ij}(X_i - \bar{X}_i)(X_j - \bar{X}_j)}{\sum_{i=1}^{n}(X_i - \bar{X}_i)^2} \tag{7}$$

Moran's I指数大于0表示存在空间正相关;小于0表示存在空间负相关;等于0表示空间独立分布。从表3可知,样本城市地区生产总值对数值的Moran's I指数在所有年份均显著为正,说明各城市经济增长存在正向空间依赖性。从图1可知,地区生产总值对数值的Moran's I指数除2017年略

---

① 最初得到的数据为"进出口总额(万美元)",通过查找对应年度美元兑人民币汇率数据来源于《中国贸易外经统计年鉴》。将其转化为人民币计量的数据,再通过相关运算得到所需变量值。
② 物价指数数据来源于各城市《国民经济和社会发展统计公报》及《中国统计年鉴》。

有下降外,其他年份均呈上升趋势,说明整体上各城市经济增长的空间依赖性逐渐增强。

表 3 　　　　　　　　被解释变量 lnGDP 的 Moran's I 指数

年份	I	z	p 值
2005	0.284	2.699	0.003
2006	0.291	2.755	0.003
2007	0.299	2.826	0.002
2008	0.308	2.911	0.002
2009	0.314	2.963	0.002
2010	0.322	3.030	0.001
2011	0.321	3.021	0.001
2012	0.321	3.017	0.001
2013	0.326	3.064	0.001
2014	0.329	3.089	0.001
2015	0.334	3.129	0.001
2016	0.345	3.230	0.001
2017	0.330	3.098	0.001
2018	0.346	3.239	0.001

图 1 　lnGDP 的 Moran's I 指数演变趋势

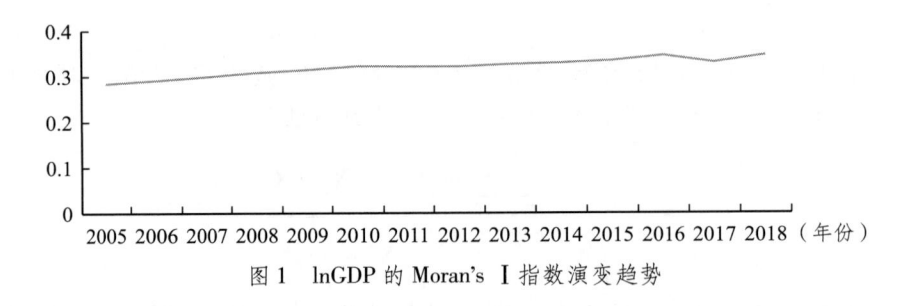

　　图 2 为样本城市经济增长的 Moran 散点图（限于篇幅,仅报告 2005 年与 2018 年结果）,用于衡量各城市经济增长的空间差异度,从中可看出多数城市位于第一、第三象限,即中国城市经济增长在空间上的分布是非均质的,这也说明了使用空间模型的合理性。

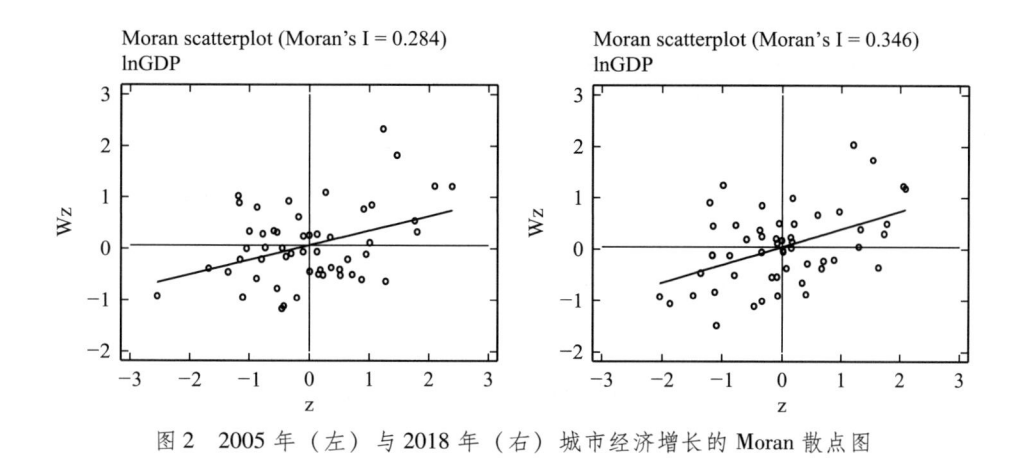

图 2 2005 年（左）与 2018 年（右）城市经济增长的 Moran 散点图

（二）双重差分空间杜宾模型结果分析

表 4 为双重差分空间杜宾模型回归结果，第（1）列、第（2）列分别为解释变量及其空间滞后项估计系数。第（3）列为样本城市经济增长空间自相关系数估计结果，其在 1% 水平下显著为正，说明各城市经济增长存在正向空间自相关效应。且由于被解释变量存在空间自相关，模型估计系数无法直接反映解释变量变化对被解释变量的影响，需通过分析各解释变量分解效应，进而分析解释变量变化对被解释变量的影响。

表 4 双重差分空间杜宾模型回归结果

变量	（1）Main	（2）Wx	（3）Spatial	（4）Direct	（5）Indirect	（6）Total
did	0.0493 *** (2.702)	0.0396 (1.643)		0.0577 *** (3.163)	0.0827 *** (2.812)	0.140 *** (4.255)
lni	0.281 *** (23.26)	0.106 *** (4.857)		0.308 *** (28.15)	0.292 *** (17.25)	0.600 *** (29.77)
labor	0.214 *** (10.02)	−0.0783 ** (−2.352)		0.216 *** (10.09)	−0.00317 (−0.0725)	0.213 *** (3.926)
technology	0.0782 *** (2.791)	−0.0596 (−1.322)		0.0730 ** (2.540)	−0.0408 (−0.630)	0.0322 (0.396)
wmi	0.0350 *** (2.830)	−0.0103 (−0.343)		0.0355 *** (2.704)	0.00560 (0.132)	0.0411 (0.837)
rho			0.357 *** (9.921)			

续表

变量	(1) Main	(2) Wx	(3) Spatial	(4) Direct	(5) Indirect	(6) Total
Observations	742	742	742	742	742	742
R – squared	0.578	0.578	0.578	0.578	0.578	0.578
Number of City	53	53	53	53	53	53

注：圆括号内为变量的 Z 统计量；***、**、*表示分别在 1%、5%、10% 的统计水平上显著。

表 4 的第（4）列、第（5）列、第（6）列分别报告了解释变量的平均直接效应、平均间接效应和平均总效应。从表 4 中可看出，政策变量的直接效应、间接效应和总效应均在 1% 水平下显著为正，说明自由贸易试验区制度创新在促进区内经济增长的同时还能够有效促进周边地区经济增长，具有正向空间溢出效应。自由贸易试验区以制度创新代替传统优惠政策，致力于建立一套与国际标准衔接的制度体系，其在运行过程中实行的加快转变政府职能、促进贸易转型升级、扩大投资领域开放、促进金融改革与创新等政策都会促进经济增长，加快经济结构调整与升级，为我国经济增长提供新动能。

就控制变量的分解效应而言，固定资产投资的直接效应、间接效应和总效应均在 1% 水平下显著为正，说明投资增长不仅会促进区内经济增长，同时对周边地区经济增长存在正向空间溢出效应。投资作为资本积累的重要途径，一方面可以通过增加社会产品和劳务需求拉动经济增长；另一方面也可以通过增加生产资料供给推动经济增长。劳动力水平的直接效应在 1% 水平下显著为正，说明劳动力增加能够显著促进区内经济增长；其间接效应在模型中并不显著；总效应在 1% 水平下显著为正，说明整体来看劳动力增加能够促进各地经济增长。劳动力是增加社会财富的源泉，劳动数量的增加和劳动生产率的提高都会促进经济增长。技术水平的直接效应在 5% 水平下显著为正，说明技术进步能够促进区内经济增长，技术进步主要通过提高全要素生产率从而促进经济增长；其间接效应和总效应在模型中均不显著。贸易开放度的直接效应在 1% 水平下显著为正，说明扩大对外贸易会促进区内经济增长；其间接效应和总效应在模型中均不显著。贸易开放可以通过优化资源配置、引进先进技术、竞争激励本地区投资等多种途径促进经济增长。

（三）稳健性检验

为了保证实证结果的可靠性，接下来从四个方面对实证结果进行稳健性检验：一是平行趋势检验；二是假设自由贸易试验区提前 3 年设立，展开"反事实"检验；三是使用双重差分空间自回归模型进行回归分析；四是使用地区人均生产总值对数值替换被解释变量。

1. 平行趋势检验

双重差分方法并未要求处理组和控制组在政策实施前必须完全保持一致,即处理组和控制组的"地区生产总值"并不需要严格一致。虽然处理组和控制组存在一定差异,但只要实行政策前二者之间的差异相对固定或二者的发展趋势相似即可(陈林,2019)。参照郑新业等(2011)的研究,对自由贸易试验区设立之前处理组和控制组进行平行趋势检验,结果如表 5 所示。可以看出,自由贸易试验区的估计系数并不显著,说明政策实施前处理组和控制组满足平行趋势假设。

表 5 平行趋势检验

变量	(1) Main	(2) Wx	(3) Spatial	(4) Main	(5) Wx	(6) Spatial
treat	0.497 (1.494)	−0.442 (−0.858)		0.215 (0.897)	−0.309 (−0.834)	
lni				0.221*** (11.68)	0.188*** (6.016)	
labor				0.187*** (6.429)	0.123*** (2.636)	
technology				−0.00669 (−0.111)	0.289*** (2.610)	
wmi				0.0637** (2.131)	0.179*** (3.872)	
rho			0.898*** (75.67)			0.307*** (6.397)
Constant	0.747** (2.490)			1.000*** (3.673)		
Observations	424	424	424	424	424	424
R-squared	0.040		0.040	0.449	0.449	0.449
Number of City	53		53	53	53	53

注:圆括号内为变量的 Z 统计量;***、**、*表示分别在 1%、5%、10% 的统计水平上显著。

2. "反事实"检验

为了剔除其他因素对经济增长的影响,借鉴刘甲炎、范子英(2013)、刘瑞明、赵仁杰(2015a)的研究,假设自由贸易试验区提前 3 年设立。如果在检验结果中,did 系数全部显著为正,则说明经济增长并非是由自由贸易试验区推动的,而是受到了其他因素的冲击,即研究结论存在一定偏误;若系数部分或者全部不显著为正,则说明自由贸易试验区制度创新能够促进经济增长，也就能证明实证结果具有稳健性。表6为"反事实"检验回归结果，didtf系数未全部显著为正，说明推动经济增长的主要驱动因素是自由贸易试验区，排除了其他因素的影响，说明结果具有稳健性。

表6 "反事实"检验：自由贸易试验区设立时间提前3年

变量	(1) Main	(2) Wx	(3) Spatial	(4) Direct	(5) Indirect	(6) Total
didtf1	0.0232 (0.995)	−0.0344 (−1.075)		0.0202 (0.860)	−0.0392 (−0.920)	−0.0189 (−0.393)
didtf2	0.0124 (0.540)	−0.0371 (−1.173)		0.00727 (0.334)	−0.0439 (−1.039)	−0.0366 (−0.767)
didtf3	0.000925 (0.0397)	−0.0680** (−2.094)		−0.00633 (−0.290)	−0.0984** (−2.182)	−0.105** (−2.084)
lni	0.280*** (23.05)	0.100*** (4.639)		0.309*** (27.63)	0.305*** (15.13)	0.614*** (26.47)
labor	0.220*** (9.918)	−0.0745** (−2.156)		0.221*** (9.856)	0.0170 (0.322)	0.238*** (3.683)
technology	0.0962*** (3.439)	−0.0370 (−0.819)		0.0973*** (3.251)	−0.00356 (−0.0557)	0.0937 (1.146)
wmi	0.0322*** (2.619)	−0.00312 (−0.103)		0.0338** (2.377)	0.0141 (0.317)	0.0479 (0.901)
rho			0.383*** (11.02)			
Observations	742	742	742	742	742	742
R−squared	0.578	0.578	0.578	0.578	0.578	0.578
Number of City	53	53	53	53	53	53

注：圆括号内为变量的Z统计量；***、**、*表示分别在1%、5%、10%的统计水平上显著。

3. 双重差分空间自回归模型

接下来使用式（8）所示双重差分空间自回归模型对研究结论进行稳健性检验。

$$Y = \rho WY + DID\beta_1 + X\gamma_1 + \Xi \qquad (8)$$

双重差分空间自回归模型只包含被解释变量的空间滞后项，而未包含解释变量的空间滞后项，但由于空间自回归项 ρWY 的存在，DID对被解释变量Y的影响也无法由 β_1 直接表示，需要对式（8）进行变换并进行效应分解，通过直接效应、间接效应和总效应进行分析，结果如表7所示。由第（1）列可看出，核心解释变量did系数在1%水平下显著为正，控制变量中固定资产投资、劳动力水平、技术进步、贸易开放度系数均显著为正，与双重差分空间杜宾模型的结果基本一致。从第（2）列可看出，空间自回归系数在1%水平下显著为正，说明经济增长存在正向空间相关关系，与双重差分空间杜宾模型的结论一致。从第（3）列、第（4）列、第（5）列的分解效应来看，核心解释变量 did 的直接效应、间接效应和总效应均在1%水平上显著为正，说明自由贸易试验区不仅能促进区内经济增长，也能对周边地区经济增长产生正向溢出效应，验证结论稳健性。

表7　　　　　　　　　　　双重差分空间自回归模型回归结果

变量	（1）Main	（2）Spatial	（3）Direct	（4）Indirect	（5）Total
did	0.0567 *** (3.668)		0.0620 *** (3.618)	0.0427 *** (3.581)	0.105 *** (3.627)
lni	0.280 *** (24.02)		0.302 *** (28.60)	0.208 *** (20.18)	0.511 *** (36.81)
labor	0.225 *** (10.72)		0.246 *** (11.43)	0.170 *** (9.627)	0.417 *** (11.23)
technology	0.0995 *** (3.564)		0.106 *** (3.679)	0.0730 *** (3.727)	0.179 *** (3.727)
wmi	0.0305 ** (2.491)		0.0331 ** (2.562)	0.0228 ** (2.542)	0.0559 ** (2.564)
rho		0.453 *** (23.70)			
Observations	742	742	742	742	742
R – squared	0.577	0.577	0.577	0.577	0.577
Number of City	53	53	53	53	53

注：圆括号内为变量的 Z 统计量；*** 、** 、* 表示分别在1%、5%、10%的统计水平上显著。

4. 替换变量的稳健性检验

借鉴陈秀山、徐瑛（2004）、张德荣（2013）、杨继生等（2013）、杨友才（2014）、曹鸿杰、卢洪友（2020）的方法，采用人均地区生产总值对数值（lnperGDP）替代地区生产总值对数值（lnGDP）表示经济增长，结果如表8所示。从表中可看出，自由贸易试验区确实能够在促进区内经济增长的同时对周边地区经济增长产生正向空间溢出效应，与前述结论一致。

表 8　　替换变量的稳健性检验（lnperGDP）

变量	(1) Main	(2) Wx	(3) Spatial	(4) Direct	(5) Indirect	(6) Total
did	0.0253 (1.284)	0.0780*** (3.007)		0.0330* (1.683)	0.105*** (3.700)	0.138*** (4.579)
lni	0.303*** (23.83)	0.101*** (4.522)		0.316*** (27.26)	0.213*** (13.25)	0.529*** (28.77)
labor	0.143*** (6.220)	0.0137 (0.388)		0.150*** (6.677)	0.0584 (1.448)	0.208*** (4.221)
technology	−0.0686** (−2.268)	−0.0853* (−1.761)		−0.0783*** (−2.632)	−0.121** (−2.010)	−0.200*** (−2.678)
wmi	0.0442*** (3.312)	0.0116 (0.358)		0.0462*** (3.422)	0.0298 (0.756)	0.0759* (1.697)
rho			0.240*** (6.170)			
Observations	742	742	742	742	742	742
R−squared	0.318	0.318	0.318	0.318	0.318	0.318
Number of City	53	53	53	53	53	53

注：圆括号内为变量的 Z 统计量；***、**、* 表示分别在 1%、5%、10% 的统计水平上显著。

（四）不同类型自由贸易试验区对经济增长的影响分析

当前我国已设立的自由贸易试验区包括沿海型、内陆型和边境型，广西、云南和黑龙江自由贸易试验区的某些片区属于边境型自由贸易试验区，但均为第五批设立，故未将其列入处理组。图 3 为实施自由贸易试验区政策之前沿海型和内陆型自由贸易试验区所在城市平均国内生产总值走势图，从图 3 中可看出，不同类型自由贸易试验区所在城市经济发展水平存在一定差异，这是由于其具有不同的资源禀赋、交通条件和经济基础。基于此，在制定制度创新政策时会充分考虑不同类型自由贸易试验区差异，制定有利于自由贸易试验区发展的政策，其对经济增长可能产生不同影响。

为比较不同类型自由贸易试验区制度创新对经济增长的影响，按照自由贸易试验区所在城市是否与海岸线相接将其分为沿海型和内陆型自由贸易试验区①，并进行分组回归，结果如表 9 所示。从表中可看出，沿海型和内陆

---

① 根据《中国海洋统计年鉴》，沿海型自由贸易试验区所在城市包括大连、天津、上海、福州、广州、深圳、珠海、海口、三亚、营口、厦门、舟山，沿海型自由贸易试验区的处理组样本量为 12，对照组样本量为 16；内陆型自由贸易试验区所在城市包括沈阳、郑州、开封、洛阳、武汉、襄阳、宜昌、重庆、成都、泸州、西安、咸阳，内陆型自由贸易试验区的处理组样本量为 12，对照组样本量为 18。

型自由贸易试验区均能够促进经济增长,但影响程度存在一定差异。沿海型自由贸易试验区的直接效应、间接效应和总效应均在1%水平下显著为正,这说明沿海型自由贸易试验区不仅能够促进区内经济增长,而且对周边地区经济增长存在正向溢出效应。内陆型自由贸易试验区的直接效应在1%水平下显著为正,说明内陆型自由贸易试验区能够显著促进区内经济增长;其间接效应并不显著,说明其对周边地区经济增长无显著影响;总效应在1%水平下显著为正,说明整体而言内陆型自由贸易试验区能够显著促进经济增长。产生上述差异的原因可能是沿海地区对外开放较早,且交通便利,较早地引进了资金、优秀人才和先进技术,经济发展水平相对较高,在探索制度创新时也更为大胆,故沿海型自由贸易试验区有能力在促进区内经济增长的同时带动周边地区经济增长,存在正向空间溢出效应;内陆地区对外开放较晚,交通也不如沿海地区便利,经济发展水平与沿海地区存在一定差距,故内陆型自由贸易试验区的经济增长效应主要体现在促进区内经济增长,对周边地区经济增长并未产生显著影响。

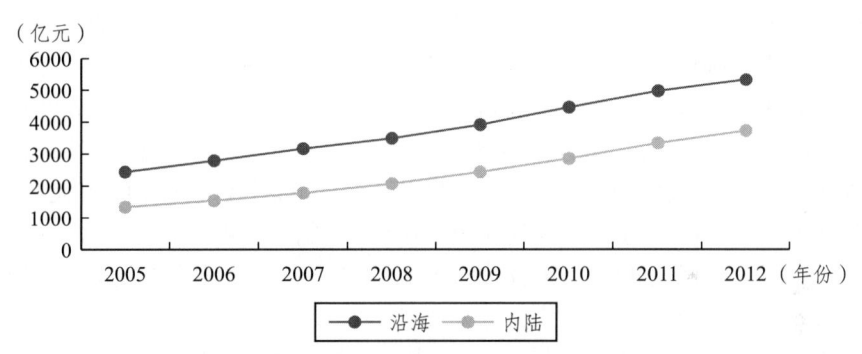

图3 沿海型和内陆型自由贸易试验区平均国内生产总值走势

资料来源:《中国城市统计年鉴》。

表9 不同类型自由贸易试验区对经济增长的影响

类型	效应分解	did	lni	labor	technology	wmi
沿海型自由贸易试验区	Direct	0.0651*** (2.882)	0.275*** (18.99)	0.252*** (8.294)	0.0978*** (2.899)	0.00478 (0.342)
	Indirect	0.184*** (4.010)	0.216*** (8.560)	0.252*** (4.186)	-0.151** (-2.110)	0.0376 (1.326)
	Total	0.249*** (4.199)	0.490*** (15.29)	0.504*** (6.292)	-0.0534 (-0.560)	0.0424 (1.107)

续表

类型	效应分解	did	lni	labor	technology	wmi
内陆型自由贸易试验区	Direct	0.0602 *** (2.914)	0.308 *** (18.39)	0.195 *** (6.873)	0.722 *** (7.934)	0.145 ** (2.223)
	Indirect	0.0507 (1.507)	0.248 *** (12.29)	−0.121 ** (−2.365)	0.182 (0.989)	0.282 ** (2.278)
	Total	0.111 *** (2.667)	0.556 *** (27.39)	0.0733 (1.136)	0.904 *** (4.077)	0.427 *** (2.693)

注：圆括号内为变量的 Z 统计量；*** 、** 、* 表示分别在1%、5%、10%的统计水平上显著。

（五）机制检验

在机制检验部分，参照韩长根、张力（2019）的研究，采取交互项的方法来探讨政府规模在自由贸易试验区设立对经济增长影响过程中的作用，并借鉴 Afonso and Furceri（2010）、李村璞等（2010）、乔俊峰等（2019）的研究，采用政府财政总支出与地区生产总值之比表示政府规模变量。表 10 为自由贸易试验区影响经济增长的机制分析结果（只报告效应分解结果）。通过第（1）~（3）列可以发现，全样本自由贸易试验区设立与政府规模交互项的直接效应、间接效应和总效应均显著为负，说明政府规模的扩大会削弱自由贸易试验区设立对区内以及周边地区经济增长的促进作用。这可能是因为，一方面政府规模扩大意味着政府控制的经济资源增多，虽然能够对经济进行调节，但政府调控会给社会带来额外的交易成本，增加社会负担，在一定程度上不利于经济增长；另一方面政府规模扩大抑制市场的资源配置功能，降低资源配置效率，不利于全要素生产率的提高，从而不利于经济增长（陈太明，2018）。通过第（4）~（9）列可以发现，政府规模在沿海型和内陆型自由贸易试验区对经济增长影响过程中的作用存在细微差别，主要体现在直接效应方面，沿海型自由贸易试验区政府规模的扩大会降低自由贸易试验区对区内经济增长的促进作用，而内陆型自由贸易试验区政府规模的扩大不会影响自由贸易试验区对区内经济增长产生的作用；而间接效应显示，政府规模的扩大确实会削弱自由贸易试验区设立对周边地区经济增长的促进作用。

表 10　　　　　　　　自由贸易试验区影响经济增长的机制检验

	全样本			沿海型自由贸易试验区			内陆型自由贸易试验区		
	(1) Direct	(2) Indirect	(3) Total	(4) Direct	(5) Indirect	(6) Total	(7) Direct	(8) Indirect	(9) Total
did	0.165*** (2.669)	0.449*** (3.409)	0.614*** (3.658)	0.195*** (2.618)	0.664*** (3.428)	0.859*** (3.550)	0.145 (1.624)	1.136*** (3.967)	1.281*** (3.919)
gov	-0.0416 (-0.781)	-0.0899 (-1.217)	-0.132 (-1.215)	-0.0960 (-0.413)	-0.0753 (-0.405)	-0.171 (-0.411)	-0.0439 (-0.897)	-0.0138 (-0.836)	-0.0578 (-0.889)
did_gov	-0.602* (-1.736)	-2.131*** (-2.848)	-2.733*** (-2.845)	-0.688* (-1.712)	-2.492** (-2.500)	-3.180** (-2.542)	-0.428 (-0.795)	-6.962*** (-3.835)	-7.390*** (-3.646)
lni	0.306*** (26.99)	0.297*** (15.46)	0.603*** (27.53)	0.278*** (17.67)	0.222*** (8.190)	0.500*** (14.49)	0.315*** (18.44)	0.242*** (11.39)	0.557*** (26.86)
labor	0.219*** (10.25)	0.0134 (0.276)	0.233*** (4.010)	0.250*** (7.846)	0.261*** (4.090)	0.511*** (6.060)	0.194*** (7.009)	-0.135** (-2.516)	0.0590 (0.890)
technology	0.0636** (2.156)	-0.0747 (-1.164)	-0.0111 (-0.138)	0.0906** (2.535)	-0.169** (-2.224)	-0.0780 (-0.770)	0.763*** (8.369)	0.212 (1.109)	0.975*** (4.257)
wmi	0.0332** (2.385)	-0.00503 (-0.118)	0.0281 (0.560)	0.00161 (0.106)	0.0308 (1.023)	0.0324 (0.774)	0.172** (2.506)	0.361*** (2.869)	0.533*** (3.193)
R-squared	0.577	0.577	0.577	0.511	0.511	0.511	0.871	0.871	0.871

注：圆括号内为变量的 Z 统计量；***、**、* 表示分别在 1%、5%、10% 的统计水平上显著。

四、结论与政策建议

基于 2005～2018 年中国 53 个城市面板数据，研究自由贸易试验区的区内经济增长效应以及对周边地区经济增长的溢出效应。实证结果表明：第一，自由贸易试验区制度创新不仅会促进区内经济增长，对周边地区经济增长存在正向空间溢出效应。为了验证结果稳健性，采用四种方法进行稳健性检验，结果均证实上述结论。第二，由于沿海和内陆地区发展条件存在差异，自由贸易试验区制度创新政策也存在差异，其对经济增长产生不同影响：沿海型自由贸易试验区在促进区内经济增长的同时对周边地区经济增长存在正向溢出效应，内陆型自由贸易试验区并未对周边地区经济增长产生显著影响。另外，机制检验结果表明，政府规模的扩大会减弱自由贸易试验区设立对区内以及周边地区经济增长的促进作用。

根据实证结果，提出以下政策建议：

第一，大力发展自由贸易试验区战略，大胆进行制度创新。首先，自由贸易试验区能够显著促进区内经济增长，要在发展现有自由贸易试验区的基础上扩大自由贸易试验区战略的实施范围，总结并推广自由贸易试验区的先进经验，通过制度创新促进各地区经济增长。其次，自由贸易试验区对周边地区经济增长具有正向溢出效应，已有自由贸易试验区要充分释放制度红利，周边地区要主动迎接辐射，积极利用自由贸易试验区提供的广阔平台促进自身经济增长。

第二，沿海型和内陆型自由贸易试验区要根据自身特点实现差异化发展。沿海地区对外开放较早，交通便利，经济发展水平较高，沿海型自由贸易试验区应主动探索新的管理模式，勇于进行制度创新，"先行先试"，并在实现自身经济增长的同时带动周边地区经济增长。内陆地区经济发展水平与沿海有一定差距，内陆型自由贸易试验区要积极吸收沿海型自由贸易试验区的先进经验，学习制度创新成果，完善自身发展，实现更高水平的经济增长；另外，内陆型自由贸易试验区还可以充分利用自身优势，因地制宜，在复制、推广沿海地区发展经验和制度创新成果的同时找到适合自己的发展之路。

第三，有效控制政府规模，避免政府规模过大削弱自由贸易试验区设立对经济增长的促进作用。一方面要提高公众创新创业意识，给予创新创业者更多的政策优惠，提高私人部门对公众的吸引力，降低从业者对政府部门工作的偏好，从而有效控制政府规模，优化资源配置，提高全要素生产率，促进经济增长；另一方面自由贸易试验区应继续进行制度创新，加快行政管理体制改革步伐，建立健全"一口受理、综合审批、高效运作"的服务模式，实现相关部门协同管理，提高办事效率。

参 考 文 献

[1] 曹鸿杰、卢洪友：《中国纵向转移支付的生态环境效应》，载《中南财经政法大学学报》2020 年第 4 期。

[2] 钞小静、沈坤荣：《城乡收入差距、劳动力质量与中国经济增长》，载《经济研究》2014 年第 6 期。

[3] 陈林、肖倩冰、邹经韬：《中国自由贸易试验区建设的政策红利》，载《经济学家》2019 年第 12 期。

[4] 陈太明：《经济波动、政府规模与经济增长：传导机制与实证检验》，载《经济科学》2018 年第 4 期。

[5] 陈秀山、徐瑛：《中国区域差距影响因素的实证研究》，载《中国社会科学》2004 年第 5 期。

[6] 程立茹、王分棉：《对外开放度、经济增长、市场规模与中国品牌成长——基于省际面板数据的门槛回归分析》，载《国际贸易问题》2013 年第 12 期。

[7] 丁国杰：《中国（上海）自由贸易区影响效应分析》，载《宏观经济管理》2014 年第 6 期。

[8] 丁正良、纪成君：《基于 VAR 模型的中国进口、出口、实际汇率与经济增长的实证

研究》，载《国际贸易问题》2014 年第 12 期。
[9] 董敏杰、梁泳梅：《1978—2010 年的中国经济增长来源：一个非参数分解框架》，载《经济研究》2013 年第 5 期。
[10] 董艳梅、朱英明：《高铁建设能否重塑中国的经济空间布局——基于就业、工资和经济增长的区域异质性视角》，载《中国工业经济》2016 年第 10 期。
[11] 高凌云、王洛林：《进口贸易与工业行业全要素生产率》，载《经济学（季刊）》2010 年第 2 期。
[12] 高翔、黄建忠：《对外开放程度、市场化进程与中国省级政府效率——基于 Malmquist – Luenberger 指数的实证研究》，载《国际经贸探索》2017 年第 10 期。
[13] 韩长根、张力：《互联网是否改善了中国的资源错配——基于动态空间杜宾模型与门槛模型的检验》，载《经济问题探索》2019 年第 12 期。
[14] 郭凯明、余靖雯、龚六堂：《人口政策、劳动力结构与经济增长》，载《世界经济》2013 年第 11 期。
[15] 江若尘、余典范、翟青、王丹、牛志勇：《中国（上海）自由贸易试验区对上海总部经济发展的影响研究》，载《外国经济与管理》2014 年第 4 期。
[16] 李村璞、赵守国、何静：《我国的政府规模与经济增长：1979—2008——基于非线性 STR 模型的实证分析》，载《经济科学》2010 年第 4 期。
[17] 李敬、陈澍、万广华：《中国区域经济增长的空间关联及其解释——基于网络分析方法》，载《经济研究》2014 年第 11 期。
[18] 林毅夫、刘培林：《中国的经济发展战略与地区收入差距》，载《经济研究》2003 年第 3 期。
[19] 刘秉镰、吕程：《自贸区对地区经济影响的差异性分析——基于合成控制法的比较研究》，载《国际贸易问题》2018 年第 3 期。
[20] 刘甲炎、范子英：《中国房产税试点的效果评估：基于合成控制法的研究》，载《世界经济》2013 年第 11 期。
[21] 刘瑞明、赵仁杰（a）：《国家高新区推动了地区经济发展吗？——基于双重差分方法的验证》，载《管理世界》2015 年第 8 期。
[22] 刘瑞明、赵仁杰（b）：《西部大开发：增长驱动还是政策陷阱——基于 PSM – DID 方法的研究》，载《中国工业经济》2015 年第 6 期。
[23] 罗素梅、赵晓菊：《自贸区金融开放下的资金流动风险及防范》，载《现代经济探讨》2014 年第 7 期。
[24] 乔俊峰、张春雷：《转移支付、政府偏好和共享发展——基于中国省级面板数据的分析》，载《云南财经大学学报》2019 年第 1 期。
[25] 权小锋、刘佳伟、孙雅倩：《设立企业博士后工作站促进技术创新吗——基于中国上市公司的经验证据》，载《中国工业经济》2020 年第 9 期。
[26] 任再萍、田思婷、施楠：《自贸区成立对其区位优势与协同互补性的影响研究：基于 Dendrinos – Sonis 模型的实证分析》，载《中国软科学》2016 年第 11 期。
[27] 沈坤荣、孙文杰：《投资效率、资本形成与宏观经济波动——基于金融发展视角的实证研究》，载《中国社会科学》2004 年第 6 期。
[28] 宋丽智：《我国固定资产投资与经济增长关系再检验：1980—2010 年》，载《宏观经济研究》2011 年第 11 期。

[29] 孙早、杨光、李康：《基础设施投资促进了经济增长吗——来自东部、中部、西部的经验证据》，载《经济学家》2015 年第 8 期。

[30] 谭娜、周先波、林建浩：《上海自贸区的经济增长效应研究——基于面板数据下的"反事实"分析方法》，载《国际贸易问题》2015 年第 10 期。

[31] 滕永乐、沈坤荣：《中国（上海）自由贸易试验区对江苏经济的影响分析》，载《江苏社会科学》2014 年第 1 期。

[32] 王利辉、刘志红：《上海自贸区对地区经济的影响效应研究——基于"反事实"思维视角》，载《国际贸易问题》2017 年第 2 期。

[33] 邢天才、张梦：《经济波动、金融摩擦与固定资产投资——来自中国地级市样本的证据》，载《金融论坛》2018 年第 12 期。

[34] 杨继生、徐娟、吴相俊：《经济增长与环境和社会健康成本》，载《经济研究》2013 年第 12 期。

[35] 杨友才：《金融发展与经济增长——基于我国金融发展门槛变量的分析》，载《金融研究》2014 年第 2 期。

[36] 叶霖莉：《中国自贸区的经济增长效应评估——基于沪津闽粤自贸区的实证研究》，载《国际商务研究》2020 年第 3 期。

[37] 殷华、高维和：《自由贸易试验区产生了"制度红利"效应吗？——来自上海自贸区的证据》，载《财经研究》2017 年第 2 期。

[38] 张成思、朱越腾、芦哲：《对外开放对金融发展的"抑制效应之谜"》，载《金融研究》2013 年第 6 期。

[39] 张德荣：《"中等收入陷阱"发生机理与中国经济增长的阶段性动力》，载《经济研究》2013 年第 9 期。

[40] 张国庆：《中国（上海）自由贸易试验区的建设与面临的挑战——上海自贸试验区一周年回顾》，载《对外经贸实务》2014 年第 11 期。

[41] 张杰、高德步、夏胤磊：《专利能否促进中国经济增长——基于中国专利资助政策视角的一个解释》，载《中国工业经济》2016 年第 1 期。

[42] 张军、闫东升、冯宗宪、李诚：《自由贸易区的经济增长效应研究——基于双重差分空间自回归模型的动态分析》，载《经济经纬》2019 年第 4 期。

[43] 张相文、向鹏飞：《负面清单：中国对外开放的新挑战》，载《国际贸易》2013 年第 11 期。

[44] 张璇、李子健、李春涛：《银行业竞争、融资约束与企业创新——中国工业企业的经验证据》，载《金融研究》2019 年第 10 期。

[45] 赵文军、于津平：《贸易开放、FDI 与中国工业经济增长方式——基于 30 个工业行业数据的实证研究》，载《经济研究》2012 年第 8 期。

[46] 郑君君、朱德胜、关之烨：《劳动人口、老龄化对经济增长的影响——基于中国 9 个省市的实证研究》，载《中国软科学》2014 年第 4 期。

[47] 郑新业、王晗、赵益卓：《"省直管县"能促进经济增长吗？——双重差分方法》，载《管理世界》2011 年第 8 期。

[48] 郑杨：《自贸区金融开放实践——上海自贸试验区成立三周年》，载《中国金融》2017 年第 4 期。

[49] 周黎安、陈烨：《中国农村税费改革的政策效果：基于双重差分模型的估计》，载

[50] 周少甫、王伟、董登新:《人力资本与产业结构转化对经济增长的效应分析——来自中国省级面板数据的经验证据》,载《数量经济技术经济研究》2013 年第 8 期。

[51] 祖明:《中国(上海)自由贸易试验区建设对嘉兴市开放型经济的影响分析》,载《上海金融》2014 年第 7 期。

[52] Afonso, A. and Furceri, D., 2010: Government Size, Composition, Volatility and Economic Growth, *European Journal of Political Economy*, Vol. 26, No. 4.

[53] Bell, K. P., 2010: Introduction to Spatial Econometrics, by James LeSage and R. Kelly Pace, *Journal of Regional Science*, Vol. 50, No. 5.

[54] Blyde, J. S., 2004: Trade and Technology Diffusion in Latin America, *International Trade Journal*, Vol. 18.

[55] Dubé, J., Legros, D. and Thériault, M., 2014: A Spatial Difference – in – Differences Estimator to Evaluate the Effect of Change in Public Mass Transit Systems on House Prices, *Transportation Research Part B: Methodological*, Vol. 64.

[56] Heckert, M. and Mennis, J., 2012: The Economic Impact of Greening Urban Vacant Land: A Spatial Difference – in – Differences Analysis, *Environment & Planning A*, Vol. 44, No. 12.

[57] Keller, W., 2002: Trade and the Transmission of Technology, *Journal of Economic Growth*, Vol. 7, No. 1.

[58] Lichtenberg, F. and Potterie, B., 1996: International R&D Spillovers: A Re – Examination, *NBER Working Papers*.

[59] Romer, P. M., 1986: Increasing Returns and Long – Run Growth, *Journal of Political Economy*, Vol. 94, No. 5.

Institutional Innovation, Spatial Spillover and Economic Growth

—An Empirical Test of China's Pilot Free Trade Zone

Yu Ma   Tingting Zhang   Danqi Wei   Yang Zhang

Abstract: The pilot free trade zone is an important carrier to build an upgraded version of China's economy, and its core is institutional innovation. Based on the panel data of 53 cities from 2005 to 2018, this paper uses the spatial double difference model to analyze the spatial spillover effect of institutional innovation on economic growth in the pilot free trade zone. The results show that the pilot free trade zone can significantly promote the regional economic growth, and has a positive spillover effect on the economic growth of the surrounding areas. The economic growth effect of the inland pilot free trade zone is mainly reflected in promoting the economic growth in the region, and has no significant impact on the economic growth of the surrounding areas. In addition, the mechanism test results show that the expansion of government size will inhibit the promotion effect of the establishment of pilot Free Trade Zone on economic growth. Therefore, the paper puts forward some policy suggestions, such as developing the strategy of pilot free trade zones, promoting the differentiated development of different types of pilot free trade zones, and reasonably controlling the size of the government.

KeyWords: Pilot Free Trade Zone Institutional Innovation Spatial Spillover Economic Growth

JEL Classification: O31 O38

高技术产品进口能促进东道国经济增长吗？
——基于 OECD 国家 2006~2018 年数据分析

张志新　赵云梦[*]

摘　要：随着贸易保护主义再度兴起，高技术产品进口环境复杂多变，研究高技术产品进口与经济增长的关系成为当前研究的重要问题。文章使用 OECD 中 31 个国家 2006~2018 年的面板数据，采用固定效应模型和 2SLS 方法研究高技术产品（货物和服务）进口对 OECD 国家经济增长的影响，结果发现：高技术产品进口促进经济增长且存在异质性；高技术货物进口有利于研发强度较高的东道国经济增长，高技术服务进口有助于研发强度较弱的东道国经济增长；高技术货物进口对经济发展水平较高的东道国经济增长促进作用要优于高技术服务进口。高技术产品进口主要通过人力资本效应和研发投入效应对东道国经济增长产生作用，且高技术货物进口主要通过高素质人力资本这一路径影响经济增长，而高技术服务进口主要通过研发投入效应影响经济增长。基于此，本文提出东道国应根据自身研发强度、经济发展水平等基本国情，选择有利于本国经济增长的高技术产品进口策略，以及调整高技术货物与服务进口比例关系等建议。

关键词：高技术货物进口　高技术服务进口　经济增长　OECD

一、引言及文献综述

进口是否有利于东道国的经济增长？这个问题似乎有明确的答案。因为在传统贸易理论中，"出口"被认为是一国或地区经济增长的"三驾马车"之一，很多国家对此深信不疑，并将"出口"导向型战略作为国家经济增长的重要方略。而"进口"则由于需要支付"外汇"，或可能的"产品替代"而被认为是严重制约国家或地区经济增长的不利因素，所以大多数国家通过关税、非关税等手段对"进口"进行严格限制。其实，"进口"之于东道国

---

[*] 本文受国家社会科学基金项目"国际化进程中的农村劳动力国内外流动一体化机理与调控研究"（17BJY107）资助。
感谢审稿人的专业修改建议！
张志新：山东理工大学经济学院；地址：淄博市张店区共青团西路 88 号，邮编：255049；
E-mail：beiji2002@126.com。
赵云梦：山东理工大学经济学院；地址：淄博市张店区共青团西路 88 号，邮编：255049；
E-mail：2681729859@qq.com。

经济增长，需要区分是什么类型产品的"进口"。除补足国内市场急需且与人民生活需要密切相关的产品进口外，如果只是"生活消费类产品"进口，尤其是炫耀性产品，不仅需要对外支出高额的外汇，还可能引起不正确的消费导向，从这个意义上讲此类产品进口不利于东道国经济增长。但是，如果是高技术产品进口呢？发达国家较早重视高技术产品的进口。在过去的100多年里，OECD 国家全要素生产率增长的 93% 来自知识进口（Madsen，2007），在当今世界贸易保护主义抬头和逆全球化背景下，OECD 国家仍非常重视高技术产品进口，据统计资料显示，2018 年美国高技术产品进口额高达 11.99 亿美元，占其总进口额的 46% 左右，匈牙利、斯洛文尼亚、捷克占比均为 50% 左右，爱尔兰占比高达 75%，德国、墨西哥、法国、芬兰、智利、加拿大、澳大利亚占比均超过 40%，其他国家也基本在 30% 以上[①]。这些高技术产品进口不但可以降低发展一些"新兴产业"的研发成本，缩短与先进国家的技术差距，更为重要的是，加快高技术产品进口的消化吸收，通过专业技术教育，培养造就一批科研队伍和技术人才，从而促进东道国或地区经济增长。

关于进口与经济增长的关系研究起步较早，但多是与出口同时进行研究，并将两者作用进行比较。多数研究结论支持进口贸易促进经济增长这一观点。Awokuse（2007）考察了进出口扩张对三个转型经济体经济增长的作用，认为进口贸易和出口贸易都能刺激经济增长。之后又对进口贸易做了进一步分析，发现进口规模的扩大可能在刺激总体经济方面发挥补充作用，进口的中间产品为出口部门提供了必要的生产要素，进口贸易也能通过技术扩散效应促进经济增长（Awokuse，2008）。赵文军、于津平（2012）以全要素生产率作为经济增长的衡量指标，发现出口对工业经济增长方式转变不具有明显促进作用，而进口对工业经济增长方式转型存在推进作用。并且随着贸易政策的内生化程度日益提高，进口贸易对经济增长的作用越来越重要，出口则相反（谷克鉴、陈福中，2016）。但也有研究表明，进口贸易对经济增长的影响具有阶段性。张小宇等（2019）对中国近 70 年对外贸易与经济增长的动态关系进行研究，发现长期来看，进出口贸易与产出水平具有显著的非线性协整关系，并且出口对产出的促进作用大于进口，短期中，出口对产出具有逐渐衰减的正向拉动作用，而进口对产出起初具有正向促进效应，随后快速转为负向抑制效应，最后渐进地转为正向拉动效应。可见，已有文献多是从进口总量与经济增长的关系进行研究，随着近年来进口贸易作用日益凸显，研究视角逐渐转向进口结构与经济增长，但是对于进口产品结构中具有重要影响的高技术产品进口与经济增长的研究还不多。Ananth（2019）研究了高技术中间投入品和经济增长的关系，得出异质性企业选择从低成本国

---

① 资料来源：各国高技术产品进口数据根据世界银行数据库整理并计算所得。

家进口高技术中间投入品，从而降低自身生产成本，使本国总体福利增加。魏浩等（2020）在分析进口商品结构与经济增长关系时发现，金融危机之后高技术产品进口对经济增长的作用逐渐凸显。杨玲、徐舒婷（2015）则对高技术服务进口与经济增长的关系进行分析，得出生产性服务进口技术复杂度进口国经济增长之间显著正相关，特别是进口更多高技术密集型金融、保险和专利及特许费服务对进口国经济增长是有利的。

基于上述分析，我们发现已有文献多是关于进口规模或进口结构与经济增长的关系研究，针对高技术产品进口与经济增长的研究较少，另外，以往研究多是把高技术产品进口作为一个整体，而本文把高技术产品进口进一步细分为高技术货物进口和高技术服务进口，分别进行考察。此外，已有文献缺乏对高技术产品进口对东道国经济增长的机制分析，本文在对高技术产品进口的经济增长效应进行理论分析的基础上，运用固定效应模型和2SLS方法，对OECD中31个国家2006~2018年高技术产品进口对经济增长的影响进行实证检验，以期从理论和实证两个层面，探究高技术产品进口对东道国经济增长的影响及作用路径，从而为广大发展中国家构建合理的进口产品结构，完善进口发展战略，促进经济高质量发展提供参考和借鉴。

二、OECD国家高技术产品进口和经济增长现状

OECD国家多为发达国家，其经济发展状况在全球居于领先水平，且多数国家较早重视高技术产品的进口，本文主要从OECD国家整体层面概述其经济增长规模及变动情况、高技术货物进口和高技术服务进口规模和增长率变化情况，由于近些年OECD国家研发投入水平差异较大，因此，本文进一步按研发强度不同对OECD国家进行分类描述[①]。

（一）OECD国家整体高技术产品进口与经济增长状况

近年来，OECD国家整体高技术货物进口额大于高技术服务进口额，高技术产品进口和经济增长同步提升。由图1所示，2006~2019年，OECD国家整体高技术货物进口额从30.29亿美元增长到42.62亿美元，增长了40.71%，高技术服务进口由8.41亿美元增加到17.61亿美元，增长了109.39%，经济增长由36.92万亿美元上升到50.29万亿美元，增长了

---

① 注：采用中国科协创新战略研究院2016年《创新研究报告》显示的各国研发程度测算值对OECD国家根据研发强度进行划分，分为研发强度较强和研发强度较弱两组。澳大利亚、新西兰、波兰和土耳其是2015年数据。研发程度较强国家：以色列、韩国、瑞典、日本、奥地利、德国、丹麦、芬兰、美国、比利时、法国、挪威、斯洛文尼亚、澳大利亚、英国、加拿大、捷克，共17个国家；研发强度较弱国家：意大利、爱沙尼亚、新西兰、葡萄牙、卢森堡、匈牙利、爱尔兰、波兰、希腊、土耳其、斯洛伐克、墨西哥、智利，共13个国家。

36.21%。结合图 1 和图 2 所示,从高技术产品进口和经济增长的规模和增长率变动情况看,受到 2008 年全球金融危机的影响,OECD 国家整体高技术货物进口、高技术服务进口和经济增长均大幅下降,分别下降 25%、15% 和 12% 左右。2010 年之后,高技术产品进口和经济增长均有所回升,之后受 2014~2016 年全球经济增速放缓、贸易持续低迷的影响,高技术产品进口和经济增长均有所下降,但相对 2008 年,下降幅度相对较小,2017~2019 年开始平稳提升。

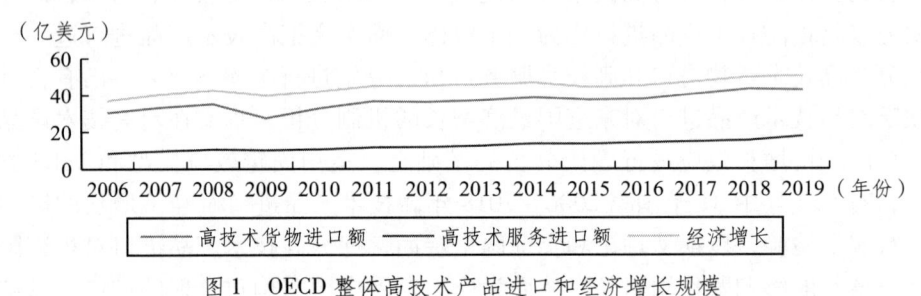

图 1 OECD 整体高技术产品进口和经济增长规模

注:由于经济增长的数值较大,为方便比较,其单位调整为万亿美元,其他参数单位均为亿美元。

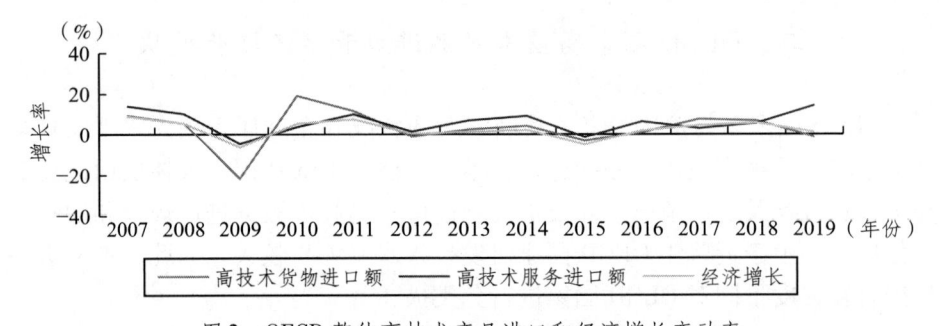

图 2 OECD 整体高技术产品进口和经济增长变动率

注:由于经济增长的数值较大,为方便比较,其单位调整为万亿美元,其他参数单位均为亿美元。

从不同类型高技术产品进口状况看,2006~2019 年,高技术货物进口始终要比高技术服务进口规模要大得多,且高技术货物进口和经济增长趋势更为趋同,高技术货物进口增长波动较大,且增长较为迅速,受 2008 年金融危机的影响更大,除 2009 年进口额低于 30 亿美元,其余年份均高于 30 亿美元,2017 年以后,进口额突破 40 亿美元。而高技术服务进口增长整体较为平稳,受经济危机的冲击较小,2006~2019 年进口额均在 10 亿~20 亿美元。

(二)研发强度较强国家高技术产品进口和经济增长

研发强度较强国家高技术货物进口额大于高技术服务进口额,高技术产品进口整体增速较快、规模较大,经济增长率为正,经济平稳增长。近年来,OECD 国家对于研发支出的投入力度存在较大差距,其高技术产品进口和经济增长状况也存在明显差异。首先,对于研发强度较强的国家来说,其对高技术产品的重视程度较高,对其进口规模也就较大,如图 3 所示,2006~2019 年,高技术货物进口额从 2006 年的 24.83 亿美元增长到 2019 年的 34.59 亿美元,增长了 39.3%,高技术服务进口额从 6.24 亿美元增长到 12.37 亿美元,增长了 98.2%,且经济增长整体来看也平稳提升,图 4 显示,除 2009 年和 2015 年经济增长率为负值外,其余年份均为正增长,由 2006 年的 31.85 万亿美元,增长到 2019 年的 43.93 万亿美元,年均增长率为 2.71%。

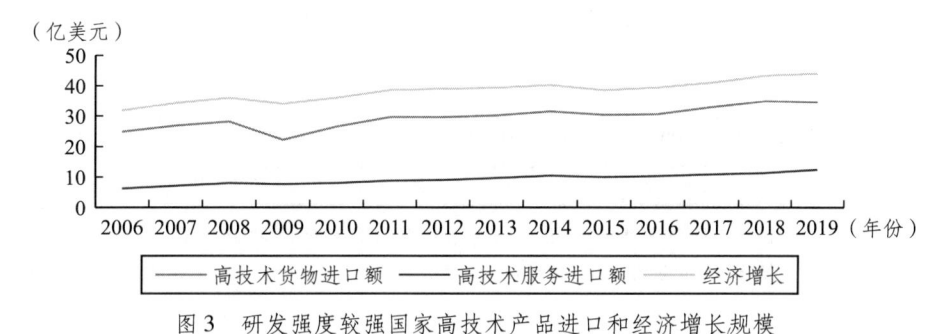

图 3 研发强度较强国家高技术产品进口和经济增长规模

注:由于经济增长的数值较大,为方便比较,其单位调整为万亿美元,其他参数单位均为亿美元。

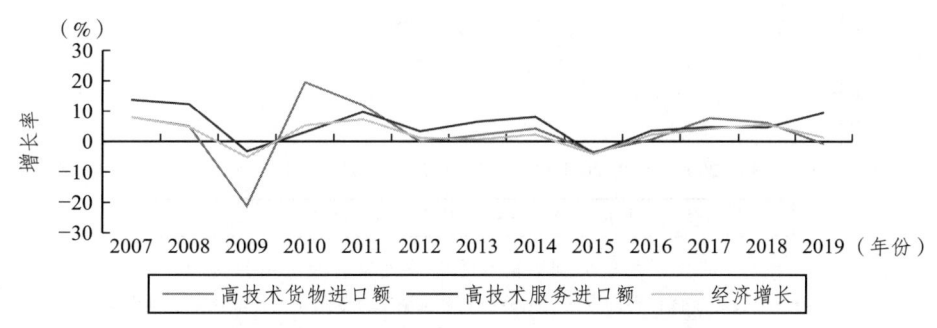

图 4 研发强度较强国家高技术产品进口和经济增长变动率

注:由于经济增长的数值较大,为方便比较,其单位调整为万亿美元,其他参数单位均为亿美元。

(三)研发强度较弱国家高技术产品进口和经济增长

研发强度较弱国家高技术产品进口和经济增长均低于研发强度较强国家,高技术货物进口额大于高技术服务进口额,高技术货物进口平稳增长,高技术服务进口增长较为迅速,经济增长率多数年份为负,经济增长迟缓。对于研发强度较弱的国家,由于其对高技术产品的投入力度较小,其高技术产品进口规模整体较低,经济增长水平也低于研发强度较强国家。由图5可知,2006~2019年,高技术货物进口规模始终高于高技术服务进口规模,高技术货物进口额由2006年的5.43亿美元增长到2019年的7.96亿美元,增长了46.59%,高技术服务进口额由2.16亿美元增长到5.23亿美元,增长了142.13%,且由图6可知,从2012年起,高技术服务进口增长率显著高于高技术货物进口增长率。另外,研发强度较弱国家经济增长也较为缓慢,多数年份整体经济增长率为负值,且波动较大,说明其经济增长受到外部冲击的影响更为严重。

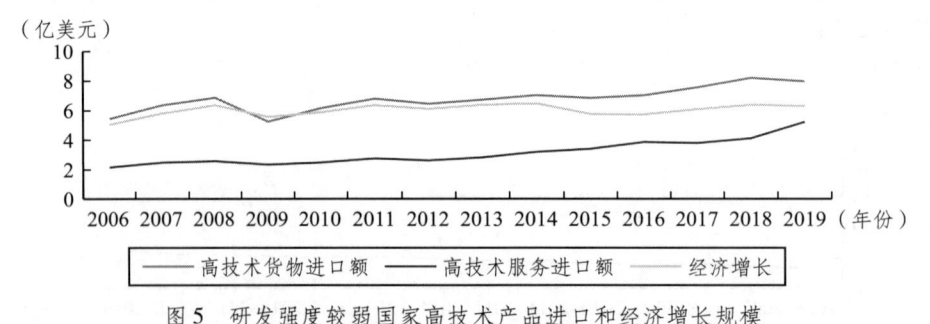

图5 研发强度较弱国家高技术产品进口和经济增长规模

注:由于经济增长的数值较大,为方便比较,其单位调整为万亿美元,其他参数单位均为亿美元。

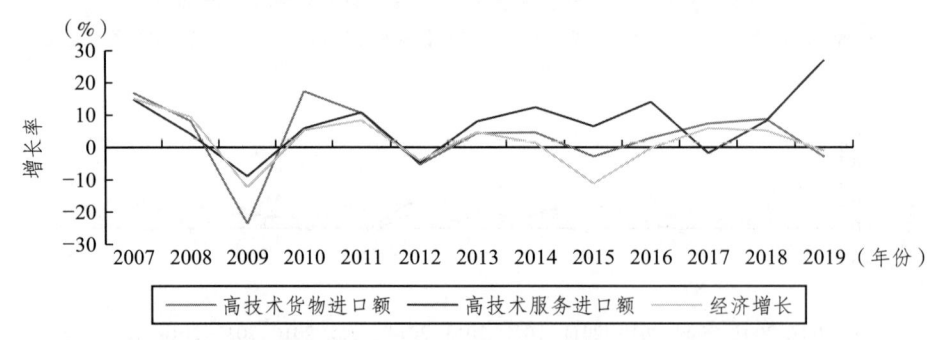

图6 研发强度较弱国家高技术产品进口和经济增长变动率

注:由于经济增长的数值较大,为方便比较,其单位调整为万亿美元,其他参数单位均为亿美元。

三、高技术产品进口的经济增长效应理论分析

当今世界,科技已然成为各国综合国力竞争的主要因素,高技术产品作为先进科学技术的载体,其在世界范围内的流动所产生的技术溢出对进口地区全要素生产率具有重要影响(王静、张西征,2012),而进口贸易尤其是高技术产品进口也被认为是发展中国家获取来自发达国家技术知识溢出的重要方式(Keller,2004)。唐未兵等(2014)指出,要想发挥高新技术产品进口对技术创新的作用,企业的技术吸收能力至关重要。对于吸收能力低于一

定值的地区，引进国外先进技术对当地技术创新起着替代作用（肖利平、谢丹阳，2016）。

（一）人力资本效应

首先，人力资本"干中学"效应。进口高技术产品中包含的先进技术和知识会带来"技术外溢"，东道国人力资本在"干中学"的过程中模仿和吸收进口高技术产品中的先进R&D，有利于加速国外先进技术在国内相关领域的扩散，缩短研发时间，降低研发成本，从而快速掌握世界先进技术，并且产业内的高技术产品进口技术溢出强度应该大于产业间的溢出强度，因为当进口产品和本国产品相似时，东道国技术接受者更容易吸收来自外国的先进技术。

其次，人力资本流动效应。高技术产品进口贸易会伴随大量的人员流动，尤其是高技术人力资本的流动，包括因为售后服务以及相关技术顾问等高技术人员流入，还包括东道国为了学习进口来源国先进技术而派出出国留学等的人员流出。因此，高技术产品进口可以通过促进高技术人力资本流动，进而提升本国人力资本水平，最终加强各国之间技术交流，缩小与世界先进国家的差距，促进本国经济增长。

最后，人力资本竞争效应。东道国大量进口高技术产品后，其国内相关人员为了不被淘汰，会加强对自身的人力资本投资（王巍、严伟涛，2020），如参加相关职业技术培训等，高技术产品进口企业也会加强员工培训力度，以适应不断增长的技术要求。因此，高技术产品进口可以通过提高劳动生产率、提升人力资本水平来提高技术吸收能力，从而促进企业全要素生产率增长（Herrerias and Orts，2011；许和连等，2006），进而对地区经济产生长久影响。

（二）研发投入效应

首先，竞争激励效应。当进口高技术产品以后，就会和国内市场的同类产品产生竞争关系，国内企业面临的竞争压力加大，激发竞争效应（林薛栋等，2017），东道国企业为了提高竞争力，倾向于通过"倒逼机制"增加研发投入、更新机器设备、设立研发机构等方式进行新产品、新技术的研发。同时，东道国政府也会意识到本国与进口来源国在该产品行业的差距，会通过制定相关政策、增加研发投入、调整分配机制、对相关高新技术产业进行税收减免等优惠措施促进本国企业发展，进而促进东道国经济增长。

其次，效率提升效应。企业模仿吸收先进技术的能力与其研发资本的投入水平密切相关（Augier and Teece，2009），高技术产品进口后，其研发投入与进口高技术产品相结合能够提高本国研发投入的使用效率，因为学习一门先进技术要比开发一门先进技术要快得多。此外，在掌握了相关领域一些专业知识后更有利于技术、知识的创新,因此在东道国掌握了进口来源国先进技术的基础上,其创新能力会进一步提高。例如,李晓钟、王倩倩(2014)对我国电子产业进口高技术产品后的全要素生产率进行测算,发现更高的研发经费投入导致更高的全要素生产率,这表明进口高技术产品与东道国研发经费投入的结合可以提高本国研发投入使用效率,进而促使全要素生产率提升。

最后,创新激励效应。东道国研发投入的增加和研发投入使用效率的提高,最终会产生创新激励效应,主要表现为同一产品的升级以及开发出其他新产品,另外还表现为全要素生产率的提高。东道国通过"逆向工程"加大研发投入,对进口高技术产品中附带的先进技术进行模仿、消化和吸收,提高技术吸收能力,以赶超世界先进技术;东道国高素质人力资本尤其是科学家因政策、资金等方面的支持,会加快创新产出,最终转化为经济增长。

四、模型构建与数据说明

(一)模型设定和变量说明

使用 2006~2018 年 OECD 中 31 个国家[①]或地区的面板数据来验证高技术货物进口和高技术服务进口对经济增长的影响,具体模型设定如下:

$$\ln GDP_{i,t} = \beta_0 + \beta_1 \ln IMG_{i,t-1} + \beta_2 \ln IMS_{i,t} + \varphi X_{i,t} + \varepsilon_{i,t}$$

模型中,i 代表国家,t 代表年份,β 表示待估参数,ε 为随机误差项。被解释变量 GDP 衡量经济增长,IMG 为高技术货物进口变量,IMS 为高技术服务进口变量,X 为控制变量集合。

被解释变量:经济增长。采用各国实际 GDP 表示。

核心解释变量:①高技术货物进口额(IMG),使用各类高技术货物进口额加总所得。借鉴杜修立、王维国(2007)构建的技术含量指标对进口货物进行的分类情况,以及魏浩、赵春明(2016)对商品结构进行的测算与分类结果,同时,结合国际贸易标准分类(SITC3.0),最终选取的进口高技术货物包含中高技术产品、高技术产品和特高技术产品,具体包括航空航天设备、计算机及办公设备、医疗设备及医药品、科学仪器、电力机械、非电力机械、铁路、轨道和车辆装备、化学品和军事武器等高技术货物。

②高技术服务进口额(IMS),使用各类高技术服务进口额加总所得。根

---

① 注:31 个 OECD 国家包括:以色列、韩国、瑞典、日本、奥地利、德国、丹麦、芬兰、美国、比利时、法国、挪威、斯洛文尼亚、斯洛伐克、澳大利亚、英国、加拿大、捷克、意大利、爱沙尼亚、新西兰、葡萄牙、卢森堡、匈牙利、爱尔兰、波兰、希腊、土耳其、墨西哥、智利。

据 IMF 国际收支平衡表中的分类划分，服务贸易共 11 个子类，即运输、旅游、建筑、通信、计算机与信息服务、金融、保险、专利与特许、个人、文化与创意服务、其他商业服务、政府服务。本文借鉴（裴长洪，2013）对服务贸易的分类，按照行业特性将服务进口划分为四类，分别是传统型服务、信息化服务、金融保险服务、其他服务。本文选取了信息化服务、金融保险服务和其他服务进口额作为样本数据，其中包括通信、计算机与信息服务、金融、保险、专利与特许、其他商业服务。

控制变量：在现有文献的基础上，本文选取以下体现国家或地区特征的控制变量：①消费支出（CON），消费水平可以反映一国的经济状况，也是刺激经济增长的重要因素之一，用各国历年家庭总支出表示，单位为 10 亿美元；②外商直接投资（FDI），外商直接投资提高可增加东道国就业机会，推动技术扩散推动经济增长，采用各国历年外商直接投资存量表示，单位为百万美元；③政府购买（GOV），用政府购买占国民生产总值的比重表示；④劳动力状况（P），劳动和资本是经济增长的两个基本要素，劳动力越充足越能促进经济增长，用 OECD 各国每年 15~64 岁人口数量表示劳动力状况；⑤研发水平（PA），一国研发能力越高，生产率水平越高，从而促进经济增长，采用各国专利申请数量表示；⑥固定资本存量（INV），资本通过对经济体自身形成额作用影响经济增长（谷克鉴、陈福中，2016），以固定资本形成总值占国内生产总值的百分比表示；⑦出口额（EX），出口增加，外汇收入增加，对经济增长产生一定影响，单位为美元。

（二）数据来源与处理及描述性统计

本文采用的各国 GDP 数据来源于世界银行数据库（World bank），高技术货物进口额、高技术服务进口额、出口额数据来自 Trade Map 数据库，各国历年消费额、外商直接投资、政府购买占国内生产总值比重、专利申请数量、劳动力状况、固定资本形成总值占比数据均来源于 OECD 数据库。考虑到数据的可得性和连续性，本文选定 2006~2018 年作为样本区间，样本国家或地区共 31 个。对于个别国家在样本区间内仍然存在样本数据缺失的现象，笔者采用目前较为普遍的插值法，补充缺失值。为了消除价格因素的影响，利用以 2015 年为基期的各国历年居民消费价格指数（CPI），对相应的数据进行了平减，包括国内生产总值、高技术货物、服务进口额、消费、外商直接投资、出口额，其中居民消费价格指数数据来源于 OECD 数据库。同时，为了增加数据的平稳性，避免可能存在的异方差现象，除政府购买占比与固定资本形成总额占比外，对其他各总量数据进行了自然对数化处理。以上变量的描述性统计如表 1 所示。

表 1 描述性统计

变量	变量名称	变量符号	样本	均值	标准差	最小值	最大值
被解释变量	经济增长	gdp	403	1468254	3017305	26007	2.06E+07
核心解释变量	高技术货物进口额	img	403	1.15E+08	1.80E+08	2256685	1.20E+09
	高技术服务进口额	ims	403	3.93E+07	5.24E+07	598156	2.71E+08
控制变量	消费额	con	403	1108574	2501475	11901	1.69E+07
	固定资本存量	inv	403	0.2239385	0.0393263	0.11074	0.36823
	外商直接投资	fdi	403	430140.6	898437.7	7510	7844202
	政府购买	gov	403	0.3436563	0.0922084	0.1417	0.6223
	劳动力状况	p	403	2.53E+07	4.01E+07	317871	2.14E+08
	研发水平	pa	403	26547.64	72071.42	15	347060
	出口额	ex	403	3.67E+08	4.63E+08	8925578	2.49E+09

五、经验结果分析

（一）基准回归结果和内生性检验分析

本文采用面板数据回归方法研究高技术货物和服务进口对经济增长的影响，面板数据回归主要包括固定效应和随机效应两种形式，运用豪斯曼检验后确定使用固定效应模型，同时控制了国家层面和时间层面的固定效应，估计结果如表 2 第（1）列所示。然而，在本文的计量模型中，核心解释变量可能与被解释变量存在双向因果关系，即认为高技术货物进口与经济增长之间具有内生性，高技术货物进口增加会促进东道国经济增长。同时，东道国经济增长也会对高技术货物进口需求增加。而高技术服务进口与经济增长的双向因果关系并不明显，对经济增长的影响相对较小。因此运用异方差稳健的 DWH 检验验证是否存在内生变量，所得 p 值为 0.0013，明显小于 0.05，故认为高技术货物进口为内生解释变量。内生性问题可能会使 OLS 回归产生偏误，导致估计结果不一致，错估系数或影响其显著性，为解决这一问题，本文通过使用工具变量，并采用 2SLS 方法和 GMM 方法检验高技术货物和服务进口对经济增长的影响。

借鉴魏浩等（2020）的做法，采用主要解释变量的滞后一期作为工具变量，一方面，由于当前的经济增长并不能影响滞后一期的高技术货物进口，因此所选工具变量具有外生性；另一方面，如果滞后一期的高技术货物进口具有一定的规模效应，那么可能会影响当期的进口规模，因此也符合相关性原则。解决内生性后 2SLS 和 GMM 回归结果如表 2 第（2）列和第（3）列所示：

表2　　　　　　　　　　　　　　基准回归结果

变量	(1) FE	(2) 2SLS	(3) GMM
高技术货物进口	0.169*** (0.000)		
高技术货物进口的滞后一期		0.087** (0.037)	0.092*** (0.000)
高技术服务进口	0.076*** (0.003)	0.098*** (0.000)	0.084*** (0.000)
消费支出	0.099*** (0.001)	0.347*** (0.000)	0.363*** (0.000)
外商直接投资	0.029 (0.153)	0.815 (0.262)	0.139*** (0.000)
劳动力状况	0.163 (0.413)	0.462*** (0.000)	0.468*** (0.000)
专利申请数量	0.057*** (0.000)	0.027*** (0.000)	0.018*** (0.000)
出口	0.006 (0.852)	−0.012 (0.903)	0.009 (0.918)
固定资产投资	0.983*** (0.000)	0.734* (0.080)	0.516 (0.179)
政府购买	−0.410 (0.563)	−0.168 (0.456)	−0.181 (0.142)
常数项	6.521*** (0.000)	−1.925*** (0.000)	−2.022*** (0.000)
国家FE	是	是	是
年份FE	是	是	是
国家	31	31	31
观测值	341	341	341
R^2	0.925	0.994	0.994

注：括号内为P值，***、**、*表示显著性水平分别小于1%、5%和10%。

从固定效应模型回归结果看，高技术货物进口和高技术服务进口的系数为正，且通过了1%的显著性水平，说明两者均对经济增长产生正向影响，对比两者的回归系数大小发现，高技术货物进口的系数为0.169，而高技术服务进口的系数为0.076，两者相差9.3%，说明高技术货物进口比高技术服务进口对经济增长的促进效应更强。而由2SLS和GMM方法得到的结果相似,也都表明高技术货物进口和高技术服务进口对经济增长具有正向影响,比较两者系数大小发现,在解决变量内生性之后,两者的系数大小相近,由此得出高技术货物进口和高技术服务进口对经济增长的促进作用程度相似。一方面,高技术货物进口后,带动消费升级的同时带来技术溢出,东道国拥有更广阔的模仿空间和吸收弹性,可以在更大范围产生技术进步的辐射效应,促进产业结构合理化、高级化,加速经济增长向创新驱动转化,同时也有利于人力资本水平的提升,进而促进东道国经济增长。另一方面,OECD国家服务业务较为发达,高技术服务进口后,在激发国内消费潜力,满足多元化需求的同时,会伴随一定的制度和管理理念引进,促进东道国制度和管理层面的转型升级,制度和管理质量的提升会进一步优化资源配置,提高生产效率,从而促进经济增长。

控制变量估计结果显示,消费支出和固定资产投资对OECD国家经济增长具有显著的促进作用,这也反映了两者是拉动经济增长的重要动力,而出口对OECD国家经济增长的促进作用不明显。外商直接投资的系数为正,表明对经济增长具有促进作用,外商直接投资可以增加本国就业机会,带来技术、知识的溢出,产出增加。劳动力状况对经济增长具有显著促进作用,OECD国家老龄化较为严重,充足的劳动力资源是经济增长的重要保障。另外,专利申请数量对经济增长具有正向影响,专利申请数量越多,表明创新能力越强,经济增长的潜力越大。而政府购买对经济的影响却不明显,一方面政府购买增加,会使得产出增加,消费增长,有利于经济增长;另一方面政府购买增加会挤出一部分私人部门的购买,不利于经济增长,政府购买对经济的影响由两者的共同作用决定,因此具有不确定性。

(二) 影响机理检验

根据本文理论分析框架可知,高技术货物和服务进口对东道国经济增长的影响主要受到人力资本和研发投入水平的影响。第一,人力资本效应。较多文献对人力资本的衡量多采用平均受教育年限表示,而本文的人力资本水平主要是与高素质人才有关。因此,选取平均高等教育受教育水平作为人力资本的替代变量,使用OECD国家25~64岁年龄段人口受过高等教育的人口占比表示,由此避免各国人口规模差异性带来的影响,最终引入高技术货物和服务进口分别与人力资本的交互项来验证人力资本效应。第二,研发投入效应。研发投入水平越高,创新效应越强,本文使用研发投入支出占GDP的比重表示,因为各国经济水平之间的差异性,仅仅使用研发投入总支出衡量不够准确,最终引入高技术货物和服务进口分别与研发投入的交互项来验证研发投入效应。为降低潜在的内生性问题,所有回归结果均由2SLS方法得出。

由表3可知,上述的传导机制基本得到论证,第(1)列为在基准回归的基础上引入人力资本变量和研发支出变量后的估计结果，高技术货物进口和高技术服务进口的估计系数仍然为正且高度显著，人力资本和研发支出的系数也为正值。第（2）列是对高技术货物进口的人力资本效应和研发投入效应进行验证，各变量的系数都为正，且高技术货物进口与人力资本的交互项系数较为显著，说明高技术货物进口通过高技术人力资本路径对经济增长的影响更显著。第（3）列是对高技术服务进口的人力资本效应和研发投入效应进行验证，各解释变量对经济增长均为正向影响，且大多通过了1%的显著性水平，在两种主要传导路径中，高技术服务进口与研发支出的交互项系数显著为正，说明高技术服务进口的研发支出效应较强，对经济增长的促进作用更明显。第（4）列是将高技术货物进口和高技术服务进口同时进行研究，并将两者与人力资本效应和研发支出效应的交互项均纳入模型，各变量的影响系数均为正值，可见人力资本机制和研发支出机制是高技术货物和服务进口影响经济增长的两条重要路径[①]。

表3　　　　　　　　高技术货物和服务进口的影响机理检验

变量	(1) lnGDP	(2) lnGDP	(3) lnGDP	(4) lnGDP
高技术货物进口	0.286*** (0.000)	0.364*** (0.000)		0.084*** (0.000)
高技术服务进口	0.152*** (0.000)		0.139*** (0.000)	0.126*** (0.000)
人力资本	0.007** (0.041)	0.004 (0.312)	0.003*** (0.001)	0.003*** (0.000)
研发支出	0.023 (0.287)	0.045* (0.070)	0.034 (0.501)	0.023 (0.426)
高技术货物进口与人力资本的交互项		0.001** (0.023)		0.001 (0.724)
高技术货物进口与研发支出的交互项		0.031 (0.498)		0.156 (0.246)
高技术服务进口与人力资本的交互项			0.002 (0.887)	0.001 (0.820)

---

① 注：由于个别国家研发投入数据有较大缺失，因此采用22个国家或地区的样本数据进行机制分析，具有一定的代表性。22个国家分别为：比利时、加拿大、智利、捷克、爱沙尼亚、芬兰、法国、德国、爱尔兰、以色列、意大利、日本、韩国、拉脱维亚、墨西哥、挪威、波兰、葡萄牙、斯洛伐克、斯洛文尼亚、瑞典、美国。

续表

变量	(1) lnGDP	(2) lnGDP	(3) lnGDP	(4) lnGDP
高技术服务进口与研发支出的交互项			0.846 *** (0.009)	0.642 ** (0.040)
控制变量	是	是	是	是
国家 FE	是	是	是	是
年份 FE	是	是	是	是
国家	22	22	22	22
观测值	242	220	220	220
R^2	0.999	0.999	0.999	0.999

注：括号内为 P 值，***、**、* 表示显著性水平分别小于1%、5%和10%。

（三）异质性检验

研发强度是研究开发经费占销售总额或工业增加值的比重，由于 OECD 国家研发强度存在不同层次，高技术货物、服务进口与经济增长之间的关系也存在较大差异，因此对不同类别研发强度国家分别进行回归具有重要参考意义。估计结果如表4第（1）和（2）列所示，可以看出：

表 4　　　　　　　　　异质性检验结果

	(1) 研发强度较强	(2) 研发强度较弱	(3) 收入水平较高	(4) 收入水平较低
高技术货物进口	0.203 *** (0.000)	0.206 *** (0.000)	0.217 *** (0.000)	0.154 *** (0.001)
高技术服务进口	0.054 * (0.065)	0.227 *** (0.000)	0.160 *** (0.000)	0.107 *** (0.006)
控制变量	是	是	是	是
国家 FE	是	是	是	是
时间 FE	是	是	是	是
国家	17	13	17	14
观测值	187	143	187	168
R^2	0.999	0.998	0.999	0.999

注：括号内为 P 值，***、**、* 表示显著性水平分别小于1%、5%和10%。

首先，对于研发强度较强的国家，高技术货物进口比高技术服务进口的经济增长促进作用更明显，而对于研发强度较弱的国家来说，高技术货物进口和高技术服务进口对经济增长的促进作用相似，且相比较于研发强度较强国家，高技术服务进口更能促进研发强度较弱国家经济增长。主要是因为研发强度较强国家对服务业研发投入力度较大，服务业发展水平较高，趋于饱和状态，占经济主导地位，对高技术服务进口的依赖性较小，且服务业发展水平比工业发展水平更为发达，因此高技术货物进口对经济增长的边际贡献率更大，更能促进经济增长，而研发强度较弱国家，其服务业发展水平和工业发展水平相当，且均低于研发强度较强国家，因此高技术货物进口和高技术服务进口对经济增长的边际贡献率较大并相似，对经济增长的促进作用更为显著且作用相当。这说明东道国在进口高技术货物和服务时应考虑自身的研发投入水平，且研发强度较弱国家在进口时更应考虑通过进口高技术服务来提升本国经济增长。其次，从高技术货物进口和高技术服务进口总的作用效果来看，其整体作用效果对研发强度较弱的国家促进作用更强（两者系数加总为 0.433），对研发强度较强的国家来说，其经济的促进作用较小（两者的系数加总为 0.258），说明高技术货物和服务总进口对研发投入弱的国家边际贡献率更大，研发投入较弱国家对高技术货物和服务进口的吸收弹性和溢出空间更广阔。

另外，虽然根据世界银行划分标准，OECD 国家多数为发达国家和高收入水平国家，但是其内部收入水平也存在较大差异，本文根据 OECD 国家人均收入水平差异，将其划分为收入水平较高国家和收入水平较低国家两组，代表不同的经济发展水平，研究不同收入水平下高技术货物和服务进口对经济增长的异质性影响①。表 4 第（3）列和第（4）列的估计结果显示：首先，对于两种类别的国家而言，高技术货物进口的经济增长促进作用更强一些，而高技术服务进口的正向作用较小。原因同上，即由于 OECD 国家服务业较为发达，工业化水平相对滞后，因此高技术货物进口的边际贡献大于高技术服务进口的边际贡献。其次，从高技术货物进口和高技术服务进口总的作用效果来看，其对收入水平较高国家的促进效果更强（两者的系数加总为 0.377），而对收入水平较低国家而言，其正向拉动效果较小（两者系数加总为 0.261），可能是因为收入水平较高的国家，工业化和服务业发展起步较早，相关配套设施较为完善，形成了高端制造和高端服务的集群优势，积累了一定的经验，技术吸收能力更强，因此对高技术货物和服务的进口能够更有效地利用，而收入水平较低国家工业和服务业发展起步较晚，高技术货物和服务进口对经济的拉动作用较小。

---

① 注：收入水平较高国家：澳大利亚、奥地利、比利时、加拿大、丹麦、芬兰、德国、爱尔兰、意大利、日本、韩国、卢森堡、挪威、瑞典、英国、美国；收入水平较低国家：智利、捷克、爱沙尼亚、希腊、匈牙利、以色列、拉脱维亚、墨西哥、新西兰、波兰、葡萄牙、斯洛伐克、斯洛文尼亚、土耳其。

（四）稳健性检验

为分析上述研究结论是否受到变量选择的影响，本文依次对被解释变量以及核心解释变量进行了变量替换，进行稳健性检验。经济增长的指标通常用 GDP 来衡量，近年来，越来越多的学者研究发现全要素生产率与国民生产总值具有高度的正相关性，由于数据的可得性，我们使用 OECD 国家多要素生产率（用 MFP 表示）作为 GDP 的替代指标进行稳健性检验，仍然对相关数据进行取自然对数处理，继续使用以上计量模型式进行稳健性检验，估计结果如表 5 第（1）列所示，高技术货物、服务进口仍然对多要素生产率具有显著的正向促进作用。进一步使用人均国内生产总值（lnPGDP）指标衡量各国经济增长状况，使用高技术货物进口额和高技术服务进口额分别占总进口额的比重衡量高技术货物和服务进口的规模，估计结果如第（2）列所示，仍然表明高技术货物和服务进口是东道国经济增长的重要因素。之后，本文又对原始数据采取截尾处理并回归，估计结果如第（3）列所示，以上回归方法均采用 2SLS，从整体上看，估计结果与基准回归结果近似，因此，本文的研究结果具有稳健性[①]。

表 5　　　　　　　　　　稳健性检验结果

	（1） 多要素生产率	（2） 人均 GDP	（3） 截尾回归
高技术货物进口	4.906** (0.037)	0.386** (0.021)	0.120*** (0.000)
高技术服务进口	3.884* (0.093)	0.204** (0.026)	0.045* (0.062)
控制变量	是	是	是
国家 FE	是	是	是
时间 FE	是	是	是
国家	20	31	31
观测值	220	341	312
R^2	0.631	0.999	0.999

注：括号内为 P 值，***、**、* 表示显著性水平分别小于 1%、5% 和 10%。

---

① 注：由于个别国家多要素生产率数据缺失，因此只对 31 个 OECD 国家中的 20 个国家使用多要素生产率进行稳健性检验，具有一定的代表性。包括：澳大利亚、奥地利、比利时、加拿大、丹麦、芬兰、法国、德国、希腊、爱尔兰、意大利、日本、韩国、卢森堡、新西兰、挪威、葡萄牙、瑞典、英国、美国。

六、结论与启示

本文基于对外贸易中进口贸易也能够对东道国经济增长产生重要影响这一事实，以 31 个 OECD 国家的统计数据为样本，运用固定效应模型和 2SLS 方法，探讨了高技术货物进口和高技术服务进口对东道国经济增长的影响及作用机理，得出的主要结论包括以下几个方面：

（1）高技术货物进口和高技术服务进口均对东道国经济增长均具有正向影响，这也在一定程度上反映进口贸易的重要性。（2）东道国研发强度不同，高技术货物进口和高技术服务进口的作用大小也不同。高技术货物进口对研发强度较强国家促进作用较大，高技术服务进口对研发强度较弱国家促进作用较大，且高技术货物进口和高技术服务进口的总效用对研发强度较弱国家更强。（3）东道国经济发展水平不同，高技术货物进口和高技术服务进口的作用大小也不同。高技术货物进口对收入水平较高国家和收入水平较低国家的促进作用均较大，高技术服务进口的促进作用均较小，且高技术货物进口和高技术服务进口的总效用对收入水平较高国家影响更大。（4）高素质人力资本和研发投入支出是高技术货物进口和高技术服务进口影响经济增长的重要传导路径。且高技术货物进口主要通过高素质的人力资本路径影响经济增长，而高技术服务进口主要通过研发投入效应影响经济增长。

基于本文的理论分析及实证结果，得到以下几点启示：

（1）加大对高技术货物和高技术服务的进口份额。以往的"出口导向型"战略其弊端日渐暴露，应逐渐向"高技术产品进口主导型"转变，促进进口模式从"量"的增长向"质"的提升转变，有计划的推进高技术产品进口。对国内短缺而国外成熟的高技术高附加值货物和服务进口，应适当放松管制门槛，降低关税，鼓励高技术货物和服务进口来激发国内市场竞争活力，带动相关产业发展。

（2）增加对进口高技术领域的研发投入力度。东道国研发投入水平的提高对其高技术产品进口的经济增长效应起到催化剂的作用，应加大对高技术产业的研发投入力度，重视新兴技术产业的发展，同时注重优化研发投入的分配机制，提高使用效率。

（3）提高相关基础设施配套水平。相关基础设施是高技术货物和服务进口的重要保障，应完善高技术产品进口各个环节的相应的配套设施，如通信类高技术服务进口后要加强国内网络建设等。

（4）充分发挥高素质人力资本优势。首先，加大对人才的培育与支持，完善相关科研领域高素质人才的利益机制，创新人才发挥的制度环境，留住人才，形成人才集聚效应；其次，发挥政策优势，创造更广阔的平台促进国内外高素质人才的交流合作,增加高技术产品进口领域的合作项目,扩大合作领域,从高技术产品进口中积极吸收国外先进经验。

参 考 文 献

[1] 杜修立、王维国:《中国出口贸易的技术结构及其变迁:1980—2003》,载《经济研究》2007 年第 7 期。

[2] 谷克鉴、陈福中:《净出口的非线性增长贡献——基于 1995—2011 年中国省级面板数据的实证考察》,载《经济研究》2016 年第 11 期。

[3] 李晓钟、王倩倩:《研发投入、外商投资对我国电子与高新技术产业的影响比较——基于全要素生产率的估算与分析》,载《国际贸易问题》2014 年第 1 期。

[4] 林薛栋、魏浩、李毗:《进口贸易自由化与中国的企业创新——来自中国制造业企业的证据》,载《国际贸易问题》2017 年第 2 期。

[5] 裴长洪:《进口贸易结构与经济增长:规律与启示》,载《经济研究》2013 年第 7 期。

[6] 唐未兵、傅元海、王展祥:《技术创新、技术引进与经济增长方式转变》,载《经济研究》2014 年第 7 期。

[7] 王静、张西征:《高科技产品进口溢出、创新能力和生产效率》,载《数量经济技术经济研究》2012 年第 9 期。

[8] 王巍、严伟涛:《进口竞争对我国劳动者人力资本投资的影响》,载《江西财经大学学报》2020 年第 2 期。

[9] 魏浩、王超男、李明珈:《进口结构与经济增长:来自全球的证据》,载《世界经济与政治论坛》2020 年第 4 期。

[10] 肖利平、谢丹阳:《国外技术引进与本土创新增长:互补还是替代——基于异质吸收能力的视角》,载《中国工业经济》2016 年第 9 期。

[11] 许和连、亓朋、祝树金:《贸易开放度、人力资本与全要素生产率:基于中国省际面板数据的经验分析》,载《世界经济》2006 年第 12 期。

[12] 杨玲、徐舒婷:《生产性服务贸易进口技术复杂度与经济增长》,载《国际贸易问题》2015 年第 2 期。

[13] 张小宇、刘永富、周锦岚:《70 年中国对外贸易与经济增长的动态关系研究》,载《世界经济研究》2019 年第 10 期。

[14] 赵文军、于津平:《贸易开放、FDI 与中国工业经济增长方式——基于 30 个工业行业数据的实证研究》,载《经济研究》2012 年第 8 期。

[15] Ananth, R., 2019: Imported Inputs and the Gains from Trade, *Journal of International Economics*, Vol. 122.

[16] Augier, M. and Teece, D. J., 2009: Dynamic Capabilities and the Role of Matiagers in Business Strategy and Economic Performance, *Organization Science*, Vol. 20, No. 2.

[17] Awokuse, T., 2007: Causality between Exports, Imports, and Economic Growth: Evidence from Transition Economics, *Economics letters*, Vol. 94, No. 3.

[18] Awokuse, T., 2008: Trade Openness and Economic Growth: Is Growth Export – Led or Import – Led?, *Applied Economics*, Vol. 40, No. 2.

[19] Herrerias, M. J. and Orts V., 2011: Imports and Growth in China, *Economic Modelling*, Vol. 28, No. 6.

[20] Keller, W., 2004: International Technology Diffusion, *Journal of Economic Literature*, Vol. 42, No. 3.

[21] Madsen, B., 2007: Technology Spilloverthrough Trade and TFP Convergence: 135 Years of Evidence for the OECD Countries, *Journal of International Economics*, Vol. 72, No. 2.

Can the Import of High-tech Products Promote the Economic Growth of Host Countries?

—Based on OECD Data 2006 – 2018

Zhixin Zhang   Yunmeng Zhao

Abstract: With the rise of trade protectionism, the import environment of high-tech products is complex and changeable, and the study of the relationship between high-tech products import and economic growth has become an important issue in current research. Using the panel data of 31 OECD countries from 2006 to 2018, this paper studies the impact of high-tech imports (goods and services) on the economic growth of OECD countries by using the fixed-effect model and 2SLS method. The results show that: high-tech imports promote economic growth and there is heterogeneity; The import of high-tech goods is beneficial to the economic growth of the host countries with high R&D intensity, while the import of high-tech services is beneficial to the economic growth of the host countries with weak R&D intensity. The import of high-tech goods has a better promoting effect on the economic growth of host countries with higher economic development level than the import of high-tech services. The import of high-tech products affects the economic growth of the host country mainly through human capital effect and R&D input effect, and the import of high-tech goods affects the economic growth mainly through high-quality human capital, while the import of high-tech services affects the economic growth mainly through R&D input effect. Based on this, this paper proposes that the host country should choose the import strategy of high-tech products which is beneficial to its economic growth and adjust the proportion relationship of high-tech goods and services import according to its own R&D intensity and economic development level and other basic national conditions.

KeyWords: High-tech Goods Import　Import of High-tech Services　Economic Growth　OECD

JEL Classification:　F14　B22

区域制度治理环境对企业成长的影响及机理研究

朱孟晓[*]

摘 要: 区域制度治理环境能够促进企业成长,并且通过交易成本节约和创新选择激励两种中介效应对企业成长产生正向影响。通过约束非市场行为、提升资源配置效率等方式,区域制度治理环境建设能够实现交易成本节约效应,并以此促进企业成长。对动态能力较强的企业而言,区域制度治理环境能够产生创新激励效应,并以此推动企业成长。在行业竞争激烈以及所处区域市场化水平较高的条件下,区域制度治理环境对企业成长的促进作用更为显著。交易成本节约和创新选择激励传导效应的引入为通过优化区域制度治理环境促进企业成长提供了政策启示。

关键词: 区域制度治理 制度环境 交易成本节约 创新激励 企业成长

一、引 言

区域制度治理环境与激励模式决定其经济特点、行为特征以及比较优势。在新发展阶段,全球经济的模式创新以及科技化、信息化融合对制度环境建设提出了新的要求。不同区域之间的竞争与差异表面上体现在资本、技术、人才等物质要素层面,内在决定机制却是制度性因素竞争。中国各区域的制度环境差异及其发展效果为研究比较提供了大量素材。

不同区域有其特有的制度治理特征及其环境预期,制度环境差异与要素禀赋一起构成区域发展的基础支撑(胡少东等,2011)。制度环境的特殊性和不确定性将决定政府与市场在资源配置、行为激励角色中的替代、互补关系,从而对市场主体的选择产生系统性影响(Hillman and Wan, 2005; Xu, 2011)。有效的制度治理需要为释放竞争活力、形成正向激励产生基本支撑和一般规约。在政府对经济运行进行参与和影响的过程中,公权行使可能导致公权私利,从而从微观上扭曲资源配置机制、降低资源配置质效,从宏观上抑制经济增长潜力释放。政府从制度治理层面切入,不断推进职能领域改

---

[*] 本文受山东省社科规划项目"新常态下促进消费需求增长的供给侧制度设计研究"(17CJJJ28)、山东省人文社会科学项目"山东省文化产业生态系统建设研究"(J16YF43)资助。
朱孟晓:山东社会科学院财政金融研究所;地址:山东省济南市舜耕路56号,邮编250002;E-mail: zhumengxiao2007@163.com。

革与转变，致力于营商环境建设，实施减少行政审批等举措，皆是为发展主体创造制度生态环境的努力。面对新的发展阶段和竞争形势，制度供给滞后、制度体系不完备、制度执行不力以及制度供需错位是突出的现实问题（季燕霞，2020）。

不同区域微观主体发展差异源于激励方式与目标的差异，激励模式差异源于区域的制度环境差异，而制度供给差异又与政府职能倾向高度相关（赵世勇、香伶，2010）。在中国加快推动经济转型升级、实施创新驱动战略的路径中，政府参与或服务市场经济的行为方式与制度环境演化过程密切相关，需要有效保障市场竞争的公平性与激励性，为企业主体的持续和创新进步提供良性的制度支持环境（曹琪格等，2014；齐平、李彦锦，2016）。区域制度环境从行为导向、交易协调以及风险倾向等方面对企业选择产生直接或间接的影响，从而也决定了企业战略设计和长期发展。制度层面的解决路径重在推进政府服务职能转变、深化和完善市场化改革、建构有效的政府与市场关系，为微观主体提供可依、可靠、稳定的基础生态系统（田国强、陈旭东，2015）。已有研究从政府制度治理行为层面展开，建立与企业成长、竞争选择之间的逻辑关系，为本文从制度环境视角展开的考察提供了重要启发。

立足实际的系统性制度建设是增强治理能力的迫切需求，制度安排是宏观治理长效化的体制基础。在治理体系现代化发展过程中，包括法律法规、执法体系和社会规范在内的制度治理能够更有效地约束和抑制非市场行为。制度治理环境建设能够有效监管公共权力、约束职权实施，为企业营造更加公平、健康的激励环境。以法治规范、权益保护、放管服改革以及交易协调为趋向，提高制度环境改善与市场化发展之间的一致性和协同性，是建立宽容、有序和创新发展空间的必然要求（赵曦、王金哲，2020）。相反，制度因素的不确定性以及制度激励的扭曲必然加大微观组织的交易协调成本，从而使非市场行为与市场外活动增多（苏晓燕等，2005）。受发展阶段与水平、基础禀赋以及目标激励等多方面因素影响，区域制度治理环境呈现较为明显的差异化特征，并对企业成长路径产生强度上和结构上的影响差异。现有文献就区域制度治理环境对企业成长能力的研究探索仍不够系统和细化，尤其对其中的作用机理与传导渠道分析尚存在不足。

二、理论分析与研究假设

（一）区域制度治理环境与企业成长

制度环境改善与创新已构成一个区域发展的重要影响因素，受到研究者广泛关注。区域发展在制度上的差异性就像是一场制度竞争的实验。面对制度制约，企业可能会寻求非正式的替代机制以实现自身发展（Allen et al.，2005）。其中，非市场活动是经常被采用的一种替代机制。企业自愿或被迫实施非市场活动，将对生产性活动产生挤出效应。企业的非市场行为将引致违规行为的发生，进而破坏投融资交易环境，影响企业长效化、战略性发展，破坏企业生存与发展的自主性。

制度治理环境建设通过塑造更加健全的秩序结构、更加有效的制约体系和更加透明的协调机制，减少企业成长过程中对市场竞争行为的偏离或替代。制度治理环境具有全局性、稳定性和常态化等特征，能够为创新活动营造积极、稳定、公平、可预期的外部环境，并以此激发企业创新活力（汲昌霖、韩洁平，2017）。完善的区域制度治理环境有利于推动企业成长方式向提高创新水平、培育核心竞争力转变，强化市场与社会主体责任，并以此推动其实现自主性、高质量、可持续发展。

综合上述分析，提出如下假设：

H1：区域制度治理环境对企业成长绩效存在正向影响。

（二）区域制度治理环境、交易节约效应与企业成长

相对透明的制度安排增加各个经济主体的非市场活动成本、降低了各经济主体之间的交易成本（郑丹辉等，2014；曾萍等，2020）。制度治理环境能够抑制机会主义行为，降低企业非市场竞争费用。例如，政府在审批环节中差异化或歧视性的政策是增加交易成本的重要原因（夏杰长、刘诚，2017）。良好的区域制度治理环境能够对政府部门在经济活动中的自由裁量权形成有效的约束与监管，从而节约组织交易成本，提高企业成长潜力。区域制度治理环境建设降低了非市场化因素对企业成长的影响，有利于充分发挥市场竞争机制的作用，改善要素配置扭曲效应，降低竞争与交易过程中的损耗。

综合上述分析，提出如下假设：

H2：区域制度治理环境能够通过交易成本节约效应影响企业成长绩效。

（三）区域制度治理环境、创新激励效应与企业成长

区域制度治理环境建设能够增强创新政策的有效性，缓解创新资源配置扭曲与创新融资约束。通过破除部分行业壁垒与市场垄断，区域制度治理环境建设能够提供更加公平有序的竞争环境，并以此进一步激发企业创新活力。创新活动内在地具有高投入、高风险和长周期特征。经济转型过程中的非正式制度环境进一步放大了这些风险。面对制度环境不确定性，企业投资于创新活动的动机和信心会受到一定程度的负面影响（Anokhin，2009）。因此，区域制度治理环境建设可以强化企业创新活动的内生动力，释放企业创新潜力，从而对其成长绩效产生积极影响。

综合上述分析，提出如下假设：

H3：区域制度治理环境通过创新活动激励效应影响企业成长绩效。

三、数据来源和研究设计

（一）数据说明

科学合理的衡量区域制度治理环境是实证研究的重点。在缺乏直接测度指标的情况下，本文以与制度治理环境建设密切相关的关键词在政府工作报告中出现的词频作为这一关键解释变量的代理指标。实证研究以 2008~2018 年中国 A 股上市公司数据和地级市政府工作报告文本分析为基础。其中，成长水平、交易成本和创新活动等企业层面数据均来自国泰安数据库。为减少异常值干扰，对部分数据样本进行剔除，共有 12176 个观察值进入估计模型。为剔除异常值的影响，本文对数据进行了双侧 1% 的缩尾处理。

（二）变量选取及定义

1. 核心解释变量

区域制度治理环境（Inst_Env）。面向区域发展主题的制度调整方向、改革重点与安排设计是地方政府工作报告的重要内容。为此，对这些工作报告进行文本分析是刻画区域制度治理强度的一个可行方式（余泳泽、潘妍，2019；陈庆江等，2021）。通过对地方政府工作报告中与区域制度治理环境相关的关键词进行词频统计，可以相对科学地衡量这一核心解释变量。这一工作分以下几个方面进行：一是通过网络公开数据整理相关城市政府工作报告；二是结合专家意见、文本案例和语义分析，确定与区域制度治理、发展环境改善以及政企关系转变相一致的六个关键词词汇表；三是对地方政府工作报告进行文本分析，并将关键词词频总和作为该区域相应年度制度治理环境的代理指标[①]。

2. 被解释变量

企业成长（Growth）。总资产增长率和员工人数增长率是实证研究中衡量企业成长水平的两个常用指标。资产总额反映了组织拥有的内部资源，能够相对综合地衡量企业成长水平；而员工人数不受价格因素的影响（李洪亚，2016；李贲、吴利华，2018）。基于上述考虑，本文以总资产增长率衡量企业成长。同时，在稳健性检验中以员工人数增长率替代总资产增长率作为企业成长的代理指标。

[①] 本文共整理了 295 个地级或副省级行政区划的政府工作报告。由于部分城市无符合条件的上市公司样本。最终有 229 个地级或副省级城市的上市公司样本进入估计模型。

3. 中介变量

（1）交易成本（Cost）。交易成本通常包括销售费用、管理费用和财务费用（王进猛、沈志渔，2010）。参考已有研究，为剔除规模因素的影响，文中以样本企业相应年度的管理费用、销售费用和财务费用总额与总资产之比衡量交易成本。

（2）创新活动（Innov）。专利授权总数是衡量企业创新活动的常用指标。文中以样本企业相应年度的专利授权总数加 1 取自然对数衡量创新活动。

4. 控制变量

样本规模（Size）、产权性质（Owner）、财务绩效（Roa）、资产结构（Lev）、年龄（Age）和公司治理水平等企业层面因素以及区域经济发展水平都会对企业成长产生重要影响。为此，文中将上述变量纳入估计模型，以控制其潜在影响（见表1）。

表 1　　　　　　　　　　变量定义与说明

变量类型	变量名称	变量标识	变量测度
核心解释变量	区域制度治理环境	Inst_Env	基于文本分析的地方政府工作报告关键词词频测度
被解释变量	企业成长	Growth	企业总资产增长率
中介变量	交易成本	Cost	企业三项费用总额与总资产之比
	创新活动	Innov	企业专利授权总数取自然对数
控制变量	研发投入	Lnrde	企业研发投入取自然对数
	企业规模	Size	企业销售收入取自然对数
	产权性质	Owner	国有企业为 1，否则为 0
	财务绩效	Roa	企业总资产净利润率，即净利润与总资产之比
	资产结构	Lev	企业总资产负债率，即总负债与总资产之比
	企业年龄	Age	企业成立年限
	两职合一	Dual	董事长与总经理为 1 人取 1，否则取 0
	独立董事占比	Indboard	独立董事占董事数量的比重
	股权集中度	Conshare	公司前 10 大股东持股比例之和
	人均 GDP	Agdp	企业所处地级市人均国民生产总值取自然对数

（三）模型设定

由于方法简单、容易理解、便于进行机理解释等优点，分步回归是检验中介效应的常用方法（Baron and Kenny，1986；温忠麟、叶宝娟，2014）。基于前述理论分析，本部分首先进行中介效应检验，考虑到影响的滞后性以及估计中可能存在的内生性问题，设定区域制度治理环境与企业成长之间的中介效应模型如下：

（1）式为区域制度治理环境对企业成长影响总效应的估计模型，

$$Growth_{i,t+1} = \alpha_1 + \beta_1 \times Inst\_Env_{i,t} + \sum Control_{i,t} + Year + \varepsilon \quad (1)$$

其中，$Growth_{i,t+1}$ 为企业 i 在 t+1 年的成长水平；$Inst\_Env_{i,t}$ 为企业 i 所在城市在 t 年的区域制度治理环境水平，$Control_{i,t}$ 为控制变量，Year 为时间虚拟变量，ε 为随机误差项。

（2）式为区域制度治理环境对企业交易成本影响的估计模型，

$$Cost_{i,t} = \alpha_2 + \beta_2 \times Inst\_Env_{i,t} + \sum Control_{i,t} + Year + \varepsilon \quad (2)$$

其中，$Cost_{i,t}$ 为企业 i 在 t 年的交易成本，β_2 为区域制度治理环境对企业交易成本影响的估计系数，其他设定同模型（1）。

（3）式所示模型就区域制度治理环境、交易成本对企业成长的影响同时进行估计，

$$Growth_{i,t+1} = \alpha_3 + \beta_3 \times Inst\_Env_{i,t} + \gamma_1 \times Cost_{i,t} + \sum Control_{i,t} + Year + \varepsilon \quad (3)$$

其中，β_3 和 γ_1 分别为区域制度治理环境与交易成本对企业成长影响的估计系数，其他设定同模型（1）。

（4）式为区域制度治理环境对企业创新活动影响的估计模型，

$$Innov_{i,t} = \alpha_4 + \beta_4 \times Inst\_Env_{i,t} + \sum Control_{i,t} + Year + \varepsilon \quad (4)$$

其中，$Innov_{i,t}$ 为企业 i 在 t 年的创新活动水平，β_4 为区域制度治理环境对企业创新活动影响的估计系数，其他设定同模型（1）。

（5）式所示模型就区域制度治理环境、创新活动对企业成长的影响同时进行估计，

$$Growth_{i,t+1} = \alpha_5 + \beta_5 \times Inst\_Env_{i,t} + \gamma_2 \times Innov_{i,t} + \sum Control_{i,t} + Year + \varepsilon \quad (5)$$

其中，β_5 和 γ_2 分别为区域制度治理环境与创新活动对企业成长影响的估计系数，其他设定同模型（1）。

四、实证检验与结果分析

(一) 描述性统计

表 2 为研究中主要变量的描述性统计。根据表 2，样本企业成长水平的代理指标总资产增长率最大值为 45.460，最小值为 -0.896。这一数据特征反映了我国上市公司成长水平的差异化特征。区域制度治理环境词频最小值为 0.000，最大值为 0.130，均值为 0.028。这一数据特征表明不同地级市行政区域之间的制度治理环境也存在较大差异。

表 2　　　　　　　　　　主要变量的描述性统计

变量	均值	标准差	最小值	最大值
Inst_Env	0.028	0.020	0.000	0.130
Growth	0.284	0.776	-0.896	45.460
Cost	0.102	0.071	0.002	0.991
Innov	3.035	1.406	0.693	10.800
Lnrde	17.783	1.432	0.000	25.025
Size	18.184	1.853	0.000	24.914
Owner	0.313	0.464	0.000	1.000
Roa	0.049	0.069	-1.432	0.477
Lev	0.392	0.221	0.011	8.009
Age	15.252	5.719	1.000	51.000
Dual	0.697	0.460	0.000	1.000
Indboard	0.375	0.056	0.000	0.800
Conshare	59.989	14.747	24.547	90.313
Agdp	11.318	0.509	8.549	12.281

(二) 主要实证结果分析

表 3 为区域制度治理环境影响企业成长的中介效应模型分步检验结果。

表3　中介效应检验

变量	模型1 总效应 Growth	模型2 交易成本中介效应模型 Cost	模型3 交易成本中介效应模型 Growth	模型4 创新活动中介效应模型 Innov	模型5 创新活动中介效应模型 Growth
Inst_Env	0.531** (2.36)	-0.031* (-1.93)	0.414* (1.94)	-0.135 (-0.35)	0.531** (2.36)
Cost			-3.343*** (-10.74)		
Innov					0.006 (0.97)
Lnrde	-0.006 (-0.54)	-0.002** (-1.98)	-0.012 (-1.13)	0.207*** (9.57)	-0.007 (-0.66)
Size	-0.048*** (-3.23)	0.024*** (10.11)	0.033* (1.91)	0.191*** (6.51)	-0.050*** (-3.28)
Owner	-0.015 (-0.28)	-0.003 (-0.77)	-0.024 (-0.45)	0.020 (0.19)	-0.015 (-0.28)
Roa	2.845*** (22.26)	-0.064*** (-3.42)	2.632*** (21.43)	-0.607*** (-2.73)	2.849*** (22.27)
Lev	0.392*** (5.74)	0.008 (0.91)	0.418*** (6.39)	0.294*** (2.60)	0.391*** (5.72)
Age	0.128*** (3.38)	-0.001 (-0.48)	0.128*** (3.45)	-0.031 (-0.91)	0.129*** (3.38)
Dual	-0.043*** (-2.60)	0.002 (1.02)	-0.038** (-2.32)	-0.021 (-0.65)	-0.043*** (-2.59)
Indboard	-0.057 (-0.42)	0.013 (1.11)	-0.013 (-0.10)	-0.376 (-1.47)	-0.055 (-0.40)
Conshare	0.010*** (12.27)	-0.000*** (-3.91)	0.008*** (10.14)	0.000 (0.00)	0.010*** (12.28)
Agdp	0.025 (0.42)	-0.001 (-0.09)	0.022 (0.38)	0.072 (0.50)	0.024 (0.41)
Cons	-0.939 (-1.31)	-0.251*** (-3.16)	-1.775** (-2.46)	-5.439*** (-3.24)	-0.905 (-1.26)
N	12176	12176	12176	12176	12176
adj. R^2	0.221	0.157	0.265	0.391	0.221
F	62.044	28.857	64.697	126.241	59.121

注：*、**、***分别表示在10%、5%、1%的水平上显著，括号内为t值。

1. 区域制度治理环境对企业成长的总体影响

在表3模型1中，区域制度治理环境的估计系数为正且在5%的水平上显著。这一估计结果表明，区域制度治理环境对企业成长存在正向促进作用，假设H1得到支持。区域制度治理环境建设激励企业将资源更多地用于提高技术创新和产品与市场开发等。同时，区域制度治理环境建设为企业营造有效竞争环境，以此提高了社会资源配置效率和企业成长绩效。

2. 企业交易成本的中介作用

表3模型2为企业交易成本的面板数据固定效应估计结果。其中，区域制度治理环境的估计系数为负且在10%的水平上显著。这一估计结果表明，良好的区域制度治理环境能够节约企业交易成本。将区域制度治理环境和交易成本同时引入模型3后的估计结果显示，交易成本的估计系数为负且在1%的水平上显著；同时，区域制度治理环境的估计系数为正且在10%的水平上显著，但与模型1相比有所降低。综合模型1、模型2和模型3的估计结果，交易成本在区域制度治理环境影响企业成长的过程中存在部分中介效应，假设H2得到验证。区域制度治理环境建设能够有效抑制非市场行为，有助于企业节约交易成本、提高组织资源配置效率，并以此实现可持续成长。

3. 企业创新活动的中介作用

表3模型4为企业创新活动的面板数据固定效应估计结果。其中，区域制度治理环境的估计系数不显著。假设H3中创新活动在区域制度治理环境影响企业成长过程中的中介作用没有得到支持。

4. 组织动态能力的影响

企业创新活动不仅受外部制度环境影响，同时也处于其自身能力条件的约束之下。企业能否充分利用区域制度治理环境所释放的创新潜力，在很大程度上取决于其整合和利用组织内外部资源的动态能力。动态能力较强的企业能够有效整合和重置其内外部创新资源，而动态能力较弱的企业难以充分实现从区域制度治理环境变化到企业创新的传导。

为考察上述理论分析中指出的企业间动态能力差异是否是导致前述创新活动中介作用不显著的一个潜在原因，以通过主成分分析得到的组织动态能力得分为基础，将样本按年度以其动态能力强弱分为高低两组并分别进行估计①。若组织动态能力得分高于相应年度的样本中位数，则将其归入高组；反之，则归入低组。将样本按组织动态能力分高、低两组后，利用前述企业

---

① 借鉴现有研究中上市公司动态能力的测度方法，以管理层学习能力、组织外部资源整合、股权激励水平、企业市场势力、人力资本水平和无形资产积累6个方面的指标为基础，通过主成分分析得到组织动态能力得分值（徐宁、徐向艺，2012；王诗翔等，2014）。6个方面的指标分别通过上市公司高管团队中研究生以上学历人员占比、上市公司拥有的高管联结数量、管理层持股比例、个股勒纳指数、研发人员占全部人员的比重和无形资产占总资产的比重衡量。

创新活动的中介效应模型进行子样本估计，结果列示于表4。其中，第（1）列、第（2）列、第（3）列和第（4）列、第（5）列、第（6）列分别为动态能力高组和低组的创新活动中介效应子样本估计结果。

表4 创新活动中介效应的分组检验

变量	(1)	(2)	(3)	(4)	(5)	(6)
	动态能力高组			动态能力低组		
	Growth	Innov	Growth	Growth	Innov	Growth
Inst_Env	0.500** (2.07)	1.168* (1.89)	0.452* (1.91)	0.373 (1.19)	-0.476 (-0.72)	0.394 (1.28)
Innov			0.055*** (5.24)			0.044*** (3.08)
Lnrde	0.149*** (4.10)	0.267*** (5.33)	0.136*** (3.86)	0.157*** (6.70)	0.178*** (4.77)	0.149*** (6.56)
Size	0.327*** (8.16)	0.230*** (4.13)	0.312*** (8.22)	0.332*** (9.97)	0.235*** (4.86)	0.322*** (9.70)
Owner	0.088 (1.30)	-0.023 (-0.13)	0.090 (1.33)	-0.004 (-0.05)	0.043 (0.21)	-0.006 (-0.07)
Roa	0.000 (0.00)	-0.585 (-1.23)	0.039 (0.17)	0.278 (1.47)	0.026 (0.07)	0.277 (1.49)
Lev	0.639*** (5.88)	0.754*** (3.57)	0.597*** (5.57)	0.754*** (6.74)	-0.080 (-0.38)	0.758*** (6.75)
Age	0.080*** (3.70)	-0.020 (-0.68)	0.082*** (3.79)	-0.050 (-1.10)	-0.010 (-0.15)	-0.049 (-1.08)
Dual	-0.007 (-0.24)	0.005 (0.10)	-0.007 (-0.28)	0.008 (0.31)	-0.033 (-0.58)	0.009 (0.38)
Indboard	-0.144 (-0.88)	0.020 (0.04)	-0.133 (-0.84)	-0.021 (-0.10)	-0.444 (-1.08)	-0.001 (-0.01)
Conshare	0.004** (2.13)	-0.001 (-0.18)	0.004** (2.25)	0.008*** (4.55)	0.001 (0.46)	0.008*** (4.57)
Agdp	0.183 (1.22)	-0.067 (-0.27)	0.197 (1.35)	0.103 (1.03)	0.234 (0.92)	0.092 (0.92)
Cons	9.481*** (5.02)	-5.811 (-1.98)	9.672*** (5.37)	11.105*** (8.78)	-7.491*** (-2.58)	11.435*** (9.13)
N	4116	4116	4116	4148	4148	4148
adj. R²	0.767	0.309	0.772	0.662	0.194	0.666
F	142.585	31.399	141.558	81.835	18.331	80.054

注：*、**、***分别表示在10%、5%、1%的水平上显著，括号内为t值。

根据表4第（1）列的估计结果，区域制度治理环境的估计系数为正且在5%的水平上显著，表明区域制度治理环境正向促进了企业成长。第（2）列中区域制度治理环境的估计系数为正且在10%的水平上显著，表明在动态能力较强的子样本中区域制度治理环境与企业创新活动存在正相关关系。第（3）列中介变量创新活动的估计系数为正且在1%的水平上显著；同时，区域制度治理环境的估计系数为正且在10%的水平上显著，但与第（1）列相比有所降低。上述估计结果表明，在动态能力较强的子样本中，创新活动在区域制度治理环境与企业成长关系中的中介作用是显著的。根据第（4）列、第（5）列、第（6）列的估计结果，在动态能力较弱的子样本中，创新活动在区域制度治理环境与企业成长关系中的中介作用没有得到支持。综合上述分析，区域制度治理环境建设为企业创新活动提供支持，但需要以较强的组织动态能力为基础。较强的组织动态能力使企业可以充分利用区域制度治理环境改善带来的创新潜力，充分整合自身优势并及时调整研发策略。

（三）拓展研究

区域制度治理环境影响企业成长的效果可能会受行业竞争程度和市场化水平等多个层面上因素的综合影响。

1. 行业竞争强度

不同行业竞争结构下，企业经营环境和市场信息效率存在较大差异。区域制度治理环境改善所释放的成长潜力能否被企业充分吸收和利用，在很大程度上取决于市场信息效率。另外，不同竞争结构下，企业利用制度环境变化整合资源以获取或维持其市场地位的需求与动力也不尽相同。为考察区域制度治理环境对企业成长的促进作用在所处行业竞争强度不同的企业中是否存在差异，将样本按年度以其所在行业的竞争强度分为高低两组并分别进行子样本估计，模型其他设定保持不变①。若所处行业的竞争强度高于相应年度样本中位数，则将其归入高组；反之，则归入低组。按行业竞争强度分高、低两组后的子样本估计结果分别见表5第（1）列、第（2）列。

表5　区域制度治理环境对企业成长影响的分组估计结果

变量	(1)	(2)	(3)	(4)
	按行业竞争程度分组		按市场化水平分组	
	高	低	高	低
Inst_Env	0.773** (2.30)	0.030 (0.09)	1.173*** (2.78)	0.345 (1.09)

---

① 借鉴已有研究，采用赫芬达尔指数（HHI）衡量行业竞争强度。

续表

变量	(1)	(2)	(3)	(4)
	按行业竞争程度分组		按市场化水平分组	
	高	低	高	低
Lnrde	-0.030* (-1.80)	0.006 (0.52)	-0.010 (-0.55)	-0.019 (-1.49)
Size	-0.044* (-1.92)	-0.013* (-1.79)	-0.028 (-1.62)	-0.016 (-1.34)
Owner	0.035 (0.35)	-0.140 (-1.14)	0.026 (0.17)	-0.012 (-0.17)
Roa	3.065*** (14.63)	2.493*** (10.95)	2.864*** (11.40)	2.740*** (14.05)
Lev	0.429*** (3.95)	0.411*** (3.27)	0.303** (2.44)	0.308*** (3.16)
Age	0.143*** (2.83)	0.205*** (2.91)	0.131*** (2.62)	0.243*** (3.41)
Dual	-0.052** (-2.02)	-0.061** (-2.28)	-0.041 (-1.44)	-0.067*** (-2.58)
Indboard	-0.094 (-0.43)	0.016 (0.07)	0.170 (0.69)	-0.162 (-0.81)
Conshare	0.010*** (8.47)	0.009*** (6.63)	0.010*** (6.94)	0.010*** (8.43)
Agdp	0.130 (1.40)	-0.085 (-0.92)	-0.045 (-0.18)	0.041 (0.65)
Cons	-1.907* (-1.66)	-1.189 (-1.03)	-0.696 (-0.25)	-2.372** (-2.55)
N	6149	4990	4744	6395
adj. R^2	0.207	0.200	0.203	0.215
F	25.228	18.044	18.458	28.452

注：*、**、***分别表示在10%、5%、1%的水平上显著，括号内为t值。

根据表5第（1）列，在行业竞争强度较高的条件下，区域制度治理环境的估计系数为正且在5%的水平上显著；根据表5第（2）列，在行业竞争强度较低的条件下，区域制度治理环境的估计系数不显著。这一估计结果对比表明，相对于所处行业竞争强度较低的企业，区域制度治理环境建设能够更好地促进竞争强度较高行业内企业的可持续成长。激烈的竞争能够有效激发企业活力，促使其抓住制度治理环境带来的发展机遇以保持竞争优势或实现跨越式发展。

2. 市场化水平

中国转型期制度环境的不均衡性对企业行为具有重要影响（曾萍等，2016）。市场化水平反映了地区经济体制改革的深度和广度，并在很大程度上影响了区域制度治理环境建设的成效。为考察区域制度治理环境对企业成长的促进作用在所处地区市场化水平不同的企业中是否存在差异，将样本分年度按其所处省级行政区域的市场化水平分为高低两组并分别进行子样本估计，模型其他设定保持不变①。若所处省份的市场化水平高于相应年度样本中位数，则将其归入高组；反之，则归入低组。按市场化水平分高、低两组后的子样本估计结果分别见表5第（3）列、第（4）列。

根据表5第（3）列，在市场化水平较高的条件下，区域制度治理环境的估计系数为正且在1%的水平上显著；根据表5第（4）列，在市场化水平较低的条件下，区域制度治理环境的估计系数不显著。这一估计结果对比表明，相对于市场化水平较低的地区，区域制度治理环境对市场化水平较高地区的企业成长的促进作用更显著。制度化、开放化的市场环境意味着区域制度治理环境建设面临的阻力与压力相对较少，对企业成长的潜在促进作用可以得到更充分地实现。

（四）稳健性检验

已有研究指出，中介效应的分步检验法虽然有诸多优势，但同时也存在检验力度较弱、第二类错误发生率较高等问题（温忠麟、叶宝娟，2014）。为此，本文进一步采用Bootstrap法检验前述两种中介效应。

表6第（1）行列示了交易成本的中介效应的Bootstrap检验结果。间接效应在95%水平上百分位法（Percentile）和偏差矫正法（Bias-Corrected）估计对应的置信区间分别为[0.378, 1.752]和[0.315, 1.703]，其中均未包含0值。交易成本在区域制度治理环境影响企业成长中的中介效应得到支持。

表6第（2）行列示了创新活动的中介效应的Bootstrap检验结果。间接效应在95%水平上百分位法（Percentile）和偏差矫正法（Bias-Corrected）估计对应的置信区间分别为[-0.185, 0.281]和[-0.191, 0.277]，其中均包含了0值。创新活动在区域制度治理环境影响企业成长中的中介效应没有得到支持。

---

① 参考已有研究，采用樊纲等（2019）编制的各地区市场化指数衡量市场化水平。

表 6　　交易成本和创新活动中介效应的 Bootstrap 检验

变量		Growth			
		β	SE	Percentile 95% CI	Bias-Corrected 95% CI
交易成本		0.002	0.349	(0.378, 1.752)	(0.315, 1.703)
创新活动	全样本	0.656	0.118	(-0.185, 0.281)	(-0.191, 0.277)
	动态能力高组	0.037	0.097	(0.028, 0.393)	(0.046, 0.419)
	动态能力低组	0.325	0.090	(-0.084, 0.265)	(-0.111, 0.242)

注：括号内为 t 值。

进一步，分别对动态能力较高和较低两个子样本中创新活动的中介效应进行检验。在动态能力较高的子样本中，间接效应在 95% 水平上百分位法（Percentile）和偏差矫正法（Bias-Corrected）估计对应的置信区间分别为 [0.028, 0.393] 和 [0.046, 0.419]，其中均未包含 0 值。创新活动的中介效应在动态能力较高的子样本中得到支持。在动态能力较低的子样本中，间接效应在 95% 水平上百分位法（Percentile）和偏差矫正法（Bias-Corrected）估计对应的置信区间分别为 [-0.084, 0.265] 和 [-0.111, 0.242]，其中均包含了 0 值。创新活动的中介效应在动态能力较低的子样本中没有得到支持。上述 Bootstrap 检验结果与前述分步检验结果一致，表明前述估计结果是稳健的。

五、结论与建议

本文从制度安排的视角，通过理论与实证分析，考察了区域制度治理环境对企业成长的影响和作用机理。地方层面上的制度治理环境内含了区域制度治理行为的异质性，以此为基础的经验研究可以更准确地揭示制度治理环境影响企业成长的微观机理。交易成本节约和创新选择激励两种中介效应的引入对从区域制度治理环境促进企业成长提供了政策启示。区域制度治理环境建设可以通过提高市场交易效率、促进企业创新进步进而达至合意的资源配置效果。

在竞争与发展中，区域应把制度优化与微观激励充分结合起来，从简单的资源、资本等物质性竞争转变到更根本、更长效的制度环境竞争，使好的制度安排成为具有竞争力的禀赋和基础。地方政府都应依据本区域禀赋条件，持续优化制度治理与供给，进一步完善激励约束相容的区域制度治理体系，充分发挥制度建设这一基础性、常态化机制在节约交易成本、激发创新潜力、提升竞争环境中的重要作用。深入推进市场化改革是长期过程，需要不断理顺政府与市场、政府与企业的关系，把政府引导、市场主导与企业主体性有机结合起来,使制度治理环境建设与市场机制完善形成一致性合力,为企业健康、持续成长提供良好的生态环境。从内生动力来讲,企业应更加注重组织动态能力的构建与提升,增强适应制度治理环境的动态应变能力,有效整合与利用区域制度治理环境建设所释放的创新潜力,借此实现自身自主性、高质量和可持续成长。

参 考 文 献

[1] 曹琪格、任国良、骆雅丽:《区域制度环境对企业技术创新的影响》,载《财经科学》2014年第1期。
[2] 曾萍、廖明情、汪金爱:《区域多元化抑或产品多元化?制度环境约束下民营企业核心能力构建与成长战略选择》,载《管理评论》2020年第1期。
[3] 曾萍、刘洋、吴小节:《政府支持对企业技术创新的影响——基于资源基础观与制度基础观的整合视角》,载《经济管理》2016年第2期。
[4] 陈庆江、王彦萌、兰珊:《普惠化制度安排、选择性直接支持与企业研发绩效——政府参与的异质性创新治理效应》,载《科研管理》2021年第1期。
[5] 樊纲、王小鲁、余静文:《中国分省份市场化指数报告(2018)》,社会科学文献出版社2019年版。
[6] 胡少东、徐宗玲、李非:《区域制度发展对外资企业绩效的影响》,载《经济管理》2011年第5期。
[7] 汲昌霖、韩洁平:《制度环境与企业成长——基于政治关联抑或能力建设的策略选择》,载《江汉论坛》2017年第7期。
[8] 季燕霞:《论当代中国制度治理的效能发挥》,载《中州学刊》2020年第11期。
[9] 李贲、吴利华:《开发区设立与企业成长:异质性与机制研究》,载《中国工业经济》2018年第4期。
[10] 李洪亚:《生产率、规模对企业成长与规模分布会有什么样的影响?——基于1998—2007年中国非制造业工业企业数据的实证研究》,载《南开经济研究》2016年第2期。
[11] 齐平、李彦锦:《国有企业与民营企业融合发展的制度环境构建研究》,载《经济纵横》2016年第2期。
[12] 苏晓燕、肖建忠、易杏花:《制度环境与中小企业的成长——以华中地区为例》,载《中国地质大学学报(社会科学版)》2005年第1期。
[13] 田国强、陈旭东:《中国经济新阶段的发展驱动转型与制度治理建设》,载《中共中央党校学报》2015年第5期。
[14] 王进猛、沈志渔:《外资进入方式对交易成本的影响:实证检验及政策建议》,载《中国工业经济》2010年第7期。
[15] 王诗翔、魏江、路瑶:《跨国技术并购中吸收能力与技术绩效关系研究——基于演化博弈论》,载《科学学研究》2014年第12期。
[16] 温忠麟、叶宝娟:《中介效应分析:方法和模型发展》,载《心理科学进展》2014年第5期。

[17] 温忠麟、张雷、侯杰泰、刘红云：《中介效应检验程序及其应用》，载《心理学报》2004年第5期。

[18] 夏杰长、刘诚：《行政审批改革、交易费用与中国经济增长》，载《管理世界》2017年第4期。

[19] 徐宁、徐向艺：《控制权激励双重性与技术创新动态能力——基于高科技上市公司面板数据的实证分析》，载《中国工业经济》2012年第10期。

[20] 余泳泽、潘妍：《中国经济高速增长与服务业结构升级滞后并存之谜——基于地方经济增长目标约束视角的解释》，载《经济研究》2019年第3期。

[21] 赵世勇、香伶：《制度环境与民营企业发展地区差异——中国大型民营企业地区分布不平衡的解析》，载《福建论坛（人文社会科学版）》2010年第11期。

[22] 赵曦、王金哲：《金融发展，制度环境和企业投资增长——基于制造业上市公司的证据》，载《财经科学》2020年第6期。

[23] 郑丹辉、李新春、李孔岳：《相对关系导向与新创企业成长：制度环境的调节作用》，载《管理学报》2014年第4期。

[24] Allen, F., Qian, J. and Qian, M., 2005: Law, Finance, and Economic Growth in China, *Journal of Financial Economics*, Vol. 77, No. 1.

[25] Anokhin, S. and Schulze, W. S., 2009: Entrepreneurship, Innovation, and Corruption, *Journal of Business Venturing*, Vol. 24, No. 5.

[26] Baron, R. M. and Kenny, D. A., 1986: The Moderator – Mediator Variable Distinction in Social Psychological Research: Conceptual, Strategic, and Statistical Considerations, *Journal of Personality and Social Psychology*, Vol. 51, No. 6.

[27] Hillman, A. J. and Wan, W. P., 2005: The Determinants of MNE Subsidiaries Political Strategies: Evidence of Institutional Duality, *Journal of International Business Studies*, Vol. 36, No. 3.

[28] Xu, C., 2011: The Fundamental Institutions of China's Reforms and Development, *Journal of Economic Literature*, Vol. 49, No. 4.

The Influence and Mechanism of Regional Institutional Governance Environment on Enterprise Growth

Mengxiao Zhu

Abstract: Regional institutional governance environment can promote enterprise growth, and has a positive impact on enterprise growth through two intermediary effects: transaction cost saving and innovation choice incentive. By restricting non market behavior and improving the efficiency of resource allocation, the construction of regional institutional governance environment can realize the effect of transaction cost saving and promote the growth of enterprises. For enterprises with strong dynamic ability, regional institutional governance environment can produce innovation incentive effect and promote enterprise growth. Under the conditions of fierce industry competition and high level of Regional Marketization, the regional institutional governance environment plays a more significant role in promoting enterprise growth. Transmission effect of transaction cost saving and innovation choice incentive provides practical enlightenment for promoting enterprise growth from the path of regional institutional governance.

KeyWords: Regional Institutional Governance   Institutional Environment   Transaction Cost Saving   Incentive For Innovation Activities   Enterprise Growth

JEL Classification: P26   M21

供需协调视角下我国旅游经济增长方式选择

杨天英 夏 锋[*]

摘 要：作为现代经济的重要构成，旅游经济与国民经济一样，在不同发展阶段具有不同的增长方式和发展道路。随着旅游产品和旅游业态越来越多元化，旅游业呈现出"脱物化"趋势，旅游者对观光游览类旅游产品的需求逐渐减少，而更加注重旅游活动带来的精神享受，旅游业发展不再受到旅游自然人文资源的限制，并且这种不依赖旅游资源的旅游产品正成为一些地区旅游产业发展的增长点。正确定义这种新的旅游经济增长方式，研判这种增长方式是否符合当前旅游经济发展阶段，对旅游经济实现高质量发展具有重要的理论意义和现实应用价值。本文基于新古典经济增长理论框架，尝试将旅游服务作为一种投入要素引入到旅游经济增长模型，利用我国 31 个省份 2003～2017 年旅游产业相关数据进行实证分析，得出我国各地区旅游经济增长方式主要有资本驱动型、资源驱动型和服务驱动型 3 种类型；在此基础上，基于旅游供求均衡理论，构建供需协调视角下最优增长方式选择的耦合模型，选取 9 个典型地区，观察不同增长方式下典型地区旅游供需系统耦合协调程度，结果显示供需协调视角下最优增长方式应为服务驱动型旅游经济增长方式。

关键词：旅游经济增长方式　旅游资源　旅游服务　供需系统　耦合协调

一、引　　言

改革开放以来，我国旅游产业的增长方式和发展路径总体上适应了不同发展阶段的客观要求，为国内外游客提供了丰富的旅游产品，吸纳了产业结构演进中出现的第一产业和第二产业的剩余劳动力，带动了区域经济发展，旅游产业成为我国许多地区支柱性产业。习近平总书记在中共十九大报告中

---

[*] 本文受国家社科基金项目"分步骤、分阶段建设海南自由贸易港政策和制度体系研究"（19XJY016）、海南自科基金（高层次人才）项目"海南自由贸易港治理体系和治理能力现代化的实现路径研究"（720RC575）、海南社科基金项目"激励相容视阈下的海南自贸港建设国家产业政策供给研究"（HNSK（YB）20–14）、海南大学人文社科科研创新团队资助项目（HDSKTD202014）资助。
感谢审稿人的修改意见！
杨天英：东北大学工商管理学院；地址：辽宁省沈阳市和平区文化路 3 巷 11 号，邮编 110819；E-mail：yingshanhong8001@163.com。
夏锋：海南大学马克思主义学院、人文社会科学高等研究院；地址：海南省海口市美兰区人民大道 58 号，邮编 570228；E-mail：673769578@qq.com。

做出"中国特色社会主义进入新时代"[①]的历史方位判断,提出"我国社会主要矛盾已经转化为人民日益增长的美好生活需要和不平衡不充分的发展之间的矛盾"[②]的重大理论判断,而旅游业作为人民日益增长的美好生活需求的重要组成部分,在促进经济社会转型升级、满足人民日益增长的美好生活需要中担负着特殊使命。

但是,随着人们收入水平的快速增长,人们对旅游产品数量和质量要求不断提高,原有旅游产品供给已经不能满足人们多样化、个性化的需求,旅游产业供给与需求之间不平衡、不充分的矛盾日益突出。富裕起来的民众对旅游产品的需求,不再是拘泥于消费旅游产品以弥补"匮乏感",而是将需求扩展到服务享受和文化体验所获得的"幸福感"(李少华,2018)。现实中,"千人一面"的服务品质、局限"景点观光"的服务内容、"僵化、烦琐"的服务流程,与消费者期待的"个性化、高品质"的服务品质、具有"文化内涵"的服务内容、"简洁、方便"的服务流程,具有较大的差距。对此,我们不禁要问,当前我国旅游经济发展的主要增长方式是什么,我国旅游产业的增长方式是否适应当前旅游产业发展阶段。事实上,早在 21 世纪初,就有学者发现我国旅游业发展具有"脱物化"趋势(杨勇,2008),随着旅游者对观光游览类旅游产品的需求逐渐减少,转而注重旅游活动带来的精神享受,旅游产品和旅游业态越来越多元化,旅游业发展不再受到旅游自然人文资源的限制,并且这种不依赖旅游资源的旅游产品正成为一些地区旅游产业发展的增长点,如何定义这种增长方式,这种增长方式是否符合当前旅游经济发展阶段,对旅游经济实现高质量发展具有重要的理论意义和实际应用价值。

经济增长方式的概念最早起源于苏联经济学家对苏联经济问题的分析,苏联经济学家主要把经济增长方式分为粗放型增长方式和集约型增长方式。在西方经济学界对经济增长方式的论述多是从经济增长影响因素和实现途径的角度来进行的。一些学者认为在不同的经济发展阶段,两种增长方式往往以不同的组合方式并存,但主导地位会有所不同。在要素和投资驱动阶段,经济增长主要依靠资本、劳动、土地及矿产等资源驱动;而在创新和财富驱动阶段,经济增长主要依靠技术创新和效率驱动。20 世纪 80 年代开始,经济增长方式研究得到我国学者广泛关注,我国学者对经济增长方式的划分主要有两个方向:一是根据经济增长特征将经济增长方式分为粗放型增长方式和集约型增长方式(卫兴华、侯为民,2007;李建伟,2020);二是根据投入要素与经济增长之间的关系,将增长方式分为资源驱动型和技术创新和效

---

① 《党的十九大报告辅导读本》编写组:《党的十九大报告辅导读本》,人民出版社 2017 年版,第 1 页。
② 《党的十九大报告辅导读本》编写组:《党的十九大报告辅导读本》,人民出版社 2017 年版,第 11 页。

率驱动型（郑玉歆，1999；张薇等，2014）。

相对于经济增长方式的相关研究，国内外学者对旅游经济增长方式的研究显然还不够深入。具体而言，国外学者早期研究主要在经济增长理论框架下，对旅游业增长中的要素生产率进行测算。Blake and Sinclai（2006）利用英国旅游业的相关数据，测算了其内部各行业要素生产率，并对各细分行业的要素生产率进行了比较。Such and Zamora（2015）则利用西班牙旅游业相关数据，测算了其酒店业劳动生产率及其地区差异变动过程。随着研究的深入，国外学者开始关注要素投入的贡献。Smeral（2009）利用 8 个欧盟国家酒店和餐馆业的相关数据进行测算，发现多数国家旅游业增长主要源于劳动投入的贡献，其次来源于资本投入的贡献。Shi and Russell（2012）利用澳大利亚旅游业中 4 个产业的相关数据验证了住宿业则呈现规模报酬不变的特征，而交通、零售贸易和游憩服务存在一定的规模经济效应。我国学者对旅游经济增长方式的研究，也主要在经济增长理论框架下通过测算要素的贡献度对旅游经济增长方式进行分类。左冰等（2020）利用省际面板数据对我国 30 个省份的旅游经济增长方式进行分类，将各省份旅游经济增长方式划分为高技术进步型、Ⅱ-1 技术进步型、Ⅱ-2 低技术进步型、要素驱动型等 6 种增长方式，通过对我国 1992～2005 年数据分析，认为我国旅游经济属于典型的劳动驱动型增长方式，增长主要依靠要素投入而不是追求技术进步或制度变革获得。吴玉鸣（2014）对我国 2001～2009 年省份旅游经济数据的研究，则得出旅游经济增长主要来源于资本投入的贡献，我国旅游经济增长方式属于资本驱动型。罗浩等（2016）通过扩展新古典经济增长模型而构建旅游业增长模型，分析我国 1991～2009 年各省份旅游增长的因素对旅游经济增长的贡献度，并依据贡献度对各地旅游经济增长方式进行分类，将其分为劳动驱动型、资本驱动型、旅游资源驱动型、资本—旅游资源共同驱动型、劳动—旅游资源共同驱动型及劳动—资本—旅游资源共同驱动型等 7 种类型，其中我国西部地区以旅游资源驱动为主，东部和中部则以资本驱动型为主。从已有文献来看，学者们的研究结论不一致，重要原因是其所研究的时间段有所不同，旅游经济与国民经济一样，在不同发展阶段具有不同的增长方式和发展道路。

由上述文献可以发现，一是从旅游经济增长方式的分类来看，国内外学者对旅游经济增长方式的研究主要是在经济增长理论框架下，从投入要素对旅游经济增长的贡献率进行测算，进而对旅游经济增长方式进行分类。二是从学者们的研究成果来看，不同时间段，不同地区旅游经济增长方式有所不同。仅从国内学者对中国旅游经济增长方式的研究来看，我国旅游经济增长方式经历了从劳动驱动型转向资本驱动型或资源驱动型。以此可以看出，在不同的发展阶段，同一个地区其旅游经济增长方式是有所不同的。从旅游经济发展现状来看，当前许多地区旅游经济增长方式已无法归类于上述增长方式。随着旅游产业的快速发展，旅游市场上旅游业态和产品形态越来越多元化，旅游资源已不再是旅游经济增长的主要驱动力，如方特欢乐世界、千古情、康养旅游产品、网红餐厅、网红民宿等既不依赖自然资源，也不依赖人文资源，甚至也不依赖资本投入的旅游产品，已经成为许多地区旅游经济增长的重要支撑。已有研究中对旅游经济增长方式的定义，已无法解释这类现象。

本文的探索在于：（1）将旅游服务作为一种投入要素引入旅游经济增长模型，并进行要素贡献度分析，研判我国部分地区旅游经济是否已存在服务驱动型增长。国内外许多学者已经关注到了旅游服务在旅游经济增长的作用，并做了大量的研究。国外学者通过实证研究发现，交通等旅游服务要素的投入是旅游业发展的重要因素（Kaul，1985；Prideaux，2000；Khadaroo and Seetanah，2008）。国内学者通过对交通等旅游服务设施对我国旅游经济的影响的相关研究发现，交通等旅游服务基础设施是提高区域入境旅游收入的关键，与旅游经济增长显著正向相关（赵东喜，2008；曹芳东等，2013；李国兵，2019）。从现有文献来看，尽管学者们对旅游服务是旅游经济增长中的重要影响因素已达成共识，但还没有学者将旅游服务作为旅游经济发展的内生增长因素，去验证旅游服务驱动型增长方式是否已成为一些地区旅游经济主要增长方式。（2）以不同增长方式下的典型地区为案例，分析不同增长方式下典型地区旅游供需系统耦合协调程度，以此探寻当前旅游供需矛盾突出背景下我国旅游经济发展的最优增长方式。随着人们对旅游产品品质的要求不断提升，旅游产业供给与需求之间不平衡、不充分的矛盾日益突出，许多学者意识到我国旅游消费结构升级已经处于一个关键历史节点（周永博等，2018），未来必须围绕旅游需求和供给的矛盾制定相应的产业政策，以此促进旅游产业发展（张辉、成英文，2015）。尽管促进旅游供需协调已成为当前旅游产业发展研究的重要议题，但还没有学者从旅游供需协调出发，探寻适宜当前旅游产业发展阶段的增长方式，以期找出一条能缓和当前旅游供需不均衡、不充分矛盾的发展路径。

二、研究设计

鉴于社会主义现代化建设的根本目的，是不断满足人民群众日益增长的物质文化需要。从这个角度出发，一个产业的目标增长方式应当使得该产业产品供给更适应消费者当前的消费需求，而不是一味地追求所谓"先进"的经济增长方式。对此，本文基于新古典经济增长理论框架，尝试将旅游服务作为一种投入要素引入到旅游经济增长模型，建立旅游经济增长方式分类模型，判断我国各省份当前旅游经济增长方式；在此基础上，基于旅游供求均衡理论，构建供需协调视角下最优增长方式选择的耦合模型，以不同增长方式下的典型地区为案例，分析不同增长方式下典型地区旅游供需系统耦合协调程度，以此判断当前旅游供需矛盾突出背景下我国旅游经济发展的目标增长方式。

（一）旅游经济增长方式分类模型构建

1. 模型构建

在经济增长方式的研究上，本文借鉴 Nordhaus（1992）、罗浩等（2016）的研究，在柯布—道格拉斯生产函数的基础上，将旅游资源、旅游服务投入纳入新古典经济增长模型，提出一个旅游经济增长的基础模型来测量不同要素对区域旅游经济增长的影响。根据这一思路，将旅游经济增长模型设定为包括资本、劳动、旅游资源及旅游服务在内的柯布—道格拉斯生产函数。

柯布—道格拉斯生产函数在经济增长各因素影响研究中运用十分广泛，在研究中常见的表达式为：

$$Y = A_0 e^{\lambda t} K^\alpha L^\beta \tag{1}$$

其中，Y 为产出；A_0 为基期技术水平；$e^{\lambda t}$ 为技术进步率；K 资本投入量；L 为劳动投入量；α、β 为常数，分别为资本和劳动的产出弹性。

根据研究对象和经济发展情况的不同，柯布—道格拉斯生产函数在现实经济生活研究的应用中会做相应的调整，考虑到旅游产业的特性，将柯布—道格拉斯生产函数调整为包括资本、劳动、旅游资源及旅游服务在内的旅游经济增长模型：

$$Y = A_0 e^{\lambda t} K^\alpha L^\beta R^\gamma S^\delta \tag{2}$$

其中，Y 为旅游业产出；A_0 为基期技术水平；$e^{\lambda t}$ 为技术进步率；K 为旅游业资本投入；L 为旅游业劳动投入；R 为旅游资源投入；S 为旅游服务投入；α、β、γ、δ 为常数，分别为资本、劳动、旅游资源以及旅游服务的产出弹性。这里假设技术进步为希克斯中性，即生产的规模报酬不变。

对式（2）两边取对数，可以得到计量模型（3）：

$$\ln Y = \ln A + \alpha \ln K + \beta \ln L + \gamma \ln R + \delta \ln S \tag{3}$$

2. 分类标准

在主流的旅游经济增长方式的研究中，学者们主要是在经济增长理论框架下，通过对要素贡献度的测算，对旅游经济增长方式进行分类，本文也运用此测度方法进行分类。在旅游业产出、资本投入量、劳动投入量、旅游资源投入量及旅游服务投入量已知的情况下，在经济增长理论框架下构建旅游经济增长模型，通过 OLS 估算出 α、β、γ、δ 的值，即资本、劳动力、旅游资源及旅游服务的产出弹性。根据此，可以分别计算出资本、劳动力、旅游资源及旅游服务这四种投入要素对旅游业增长的贡献。要素投入贡献率的计算方法为：

$$要素投入贡献率 = \frac{要素投入增长率 \times 要素产出弹性}{旅游业产出增长率} \times 100\% \quad (4)$$

要素投入贡献率的计算公式，实际上是指某要素投入的增长程度占产业增长程度的比重。但在实践中，常存在要素投入增长率和要素产出弹性都呈负数的情况，为了符合贴近现实情况，更好分析区域旅游经济发展中各要素的投入贡献率，出现要素投入增长率和要素产出弹性都呈负数的情况，将对此计算结果取负值。

本文借鉴罗浩等（2016）的划分标准，根据生产要素贡献率计算公式，可以得到各省份生产要素贡献率，据此将各省份旅游经济增长方式进行分类。按50%作为临界点，将各省份旅游经济增长方式划分为单要素驱动型和多要素共同驱动型。第一步，将单一要素贡献率超过50%的省份，划分为此种要素驱动型旅游经济增长方式；第二步，对各个要素贡献率都低于50%的省份，根据排名靠前的两种要素，界定为排名靠前的两种要素共同驱动型。

（二）供需协调视角下最优增长方式选择的耦合模型构建

根据旅游供求均衡理论，旅游经济活动中供给和需求是相对均衡，而非绝对的。在现实旅游经济活动中，旅游供给和需求的矛盾总是长期存在的，而均衡则是相对的、暂时的，旅游产业供给和需求是相互矛盾又相互依存的两个重要方面。旅游产业需求系统与供给系统具有显著的耦合性特征，主要体现在：一方面，旅游产业需求扩大和需求层次的提高对旅游业及旅游配套设施服务的发展具有较强的拉动作用；另一方面，旅游目的地旅游产品及配套服务的提升为旅游者提供更多、更好的产品和服务，创造新的旅游需求，扩大旅游消费，推动旅游产业发展。旅游产业供需之间互为因果、相互作用、彼此影响。

1. 模型选取

本文借鉴舒小林等（2014）对旅游产业与城市发展其他的耦合研究，本文也采用广泛使用的物理学容量耦合系数模型，从供需协调视角来分析我国旅游产业最优增长方式选择，耦合度模型的一般形式如下：

$$C_n = n \left(\frac{u_1 \times u_2 \times \cdots \times u_n}{\prod (u_i + u_j)^{\frac{1}{n}}} \right)^{\frac{1}{n}} \quad (5)$$

式（5）中，C_n为n个系统的耦合度，u_1、u_2、$\cdots$、u_n为n个系统各自的综合评价指数，由式（5）可以构建我国旅游产业需求和旅游目的地供给的耦合度评价模型，即旅游需求与旅游供给两系统的耦合度模型，模型如下：

$$C_2 = 2 \left(\frac{u_1 \times u_2}{(u_1 + u_2) \times (u_1 + u_2)} \right)^{\frac{1}{2}} \quad (6)$$

式（6）中，C_2为旅游需求与旅游供给两系统的耦合度，u_1、u_2分别表示旅游需求系统和旅游供给系统的综合发展水平评价指数。两个系统的耦合度值介于0和1之间,耦合度值越趋近于1,两个系统耦合度越大,两个系统间为良性关系,系统越趋向于有序,为良性耦合;耦合度值越趋近于0,耦合度越小,两个系统则处于无关、松散状态,两个系统间趋向于无序。

需要说明的是耦合度仅仅能表征系统间相互作用的强弱,但不能反映两个系统协调发展程度的高低,可能会出现模型中系统发展水平都低,但耦合度却较高,偏离实际情况。为此,需要构建一个旅游需求与旅游供给两个系统耦合协调度模型。

2. 耦合协调度模型

(1) 系统综合发展水平评价函数。本文首先利用线性加权法对旅游需求系统和旅游供给系统的综合发展水平进行评价,公式为:

$$u_i = \sum_{j=1}^{h_i} \lambda_{ij} u_{ij}, \sum_{j=1}^{h_i} \lambda_{ij} = 1 \tag{7}$$

式(7)中,u_i 为第 i 个系统的综合发展水平值,u_{ij} 为第 i 个系统中第 j 项指标的指标值,λ_{ij} 为第 i 个系统中第 j 项指标的权重,h_i 为第 i 个系统中所包含的总指标数。其中权重 λ_{ij} 采用比较客观的熵权法来确定。

在计算过程中,为了消除各指标原始数据在数量级和量纲方面的差异,本文对各指标原始数据进行无量纲处理。因经过无量纲处理的数据将出现零值的指标,还需要进行非零处理,因此,u_{ij} 的数据处理公式可以构造为:

当 u_{ij} 为正向指标时:

$$u_{ij} = \frac{x_{ij} - \min(x_{ij})}{\max(x_{ij}) - \min(x_{ij})} \times 0.99 + 0.01 \tag{8}$$

当 u_{ij} 为负向指标时:

$$u_{ij} = \frac{\max(x_{ij}) - x_{ij}}{\max(x_{ij}) - \min(x_{ij})} \times 0.99 + 0.01 \tag{9}$$

其中,u_{ij} 为第 i 个系统中第 j 项指标原始数据进行无量纲处理后的指标值,取值范围为 $[0.01,1]$;x_{ij} 为第 i 个系统中第 j 项指标原始数据;$\max(x_{ij})$ 为改指标系列的最大值;$\min(x_{ij})$ 为改指标系列的最小值。

(2) 指标权重的确定方法。为了使各指标的评价更具有客观性,本文选用熵权法进行指标权重 λ_{ij} 的确定。本文借鉴舒小林(2014)等学者的研究成果,可以将指标权重的确定步骤构建如下。避免赋值数的无意义,对指标进行标准化和非零处理。v_{ij} 为标准化和非零处理后的第 i 个系统中第 j 项指标值。

当 v_{ij} 为正向指标时:

$$v_{ij} = \frac{x_{ij} - \min(x_{ij})}{\max(x_{ij}) - \min(x_{ij})} \times 0.99 + 0.01 \tag{10}$$

当 v_{ij} 为负向指标时:

$$v_{ij} = \frac{\max(x_{ij}) - x_{ij}}{\max(x_{ij}) - \min(x_{ij})} \times 0.99 + 0.01 \quad (11)$$

计算第 i 个系统中第 j 项指标的比重 M_{ij}：

$$M_{ij} = \frac{v_{ij}}{\sum_{j=1}^{m} v_{ij}} \quad (12)$$

计算第 j 项指标的熵值 S_j：

$$S_j = -\frac{1}{\ln m} \sum_{j=1}^{m} M_{ij} \ln M_{ij} \quad (13)$$

根据熵值 S_j 计算差异度 W_j 的值：

$$W_j = 1 - S_j \quad (14)$$

根据差异度 W_j 的值计算指标权重：

$$\lambda_j = \frac{W_j}{\sum_{j=1}^{m} W_j} \quad (15)$$

协调是研究多系统或要素之间通过非线性的相互影响、相互作用而达到协同效应，最终使得系统或要素间实现良性互动，走向有序化。耦合协调是指度量系统或要素间彼此和谐共生的程度，体现了系统由无序走向有序的趋势。本文借鉴生延超、钟志平（2009）的研究成果，构建一个旅游需求与旅游供给两个系统耦合协调度模型，模型如下：

$$D = \sqrt{C \times T} \quad (16)$$

其中，

$$T = \alpha u_1 + \beta u_2 \quad (17)$$

式（16）中，D 为旅游需求与旅游供给两个系统耦合协调度，T 为两个系统综合评价指数，表示旅游需求与旅游供给各维度系统整体协同效应或贡献度，α、β 分别为旅游需求系统和旅游供给系统的待定系数。通过分析可知，在供需两个系统的协调发展中，两个系统相互作用、相互促进的程度并不相同，旅游需求的发展一定能带动旅游供给的提升，但旅游需求并不是旅游供给提升的唯一驱动力，旅游供给的提升是多种因素综合作用的结果。对此，本文根据旅游需求和旅游供给两个系统相互作用程度，参考生延超、钟志平（2009）、张春晖等（2013）、于洪雁等（2020）的研究，同时咨询有关专家，将 α、β 取值为 0.6、0.4。

耦合协调模型综合了旅游需求系统与旅游供给系统的发展协调状况，同时也解决了两个系统所处的相对水平问题。耦合协调模型相对于耦合模型来说，适用范围更广，稳定性更强，科学性更好，更加适用于旅游需求和旅游供给耦合协调发展水平的研判。根据这一模型所得到的耦合协调度越高，表明旅游需求与旅游供给系统的发展水平越高，二者之间的耦合关系较好，旅游系统越趋向于好的方向发展,效应更加显著。

3. 耦合协调度判断标准

借鉴于洪雁等(2020)的研究成果,建立我国旅游供需系统耦合协调度的判断标准。首先,对旅游供需系统综合发展水平评价值进行比较,评价指数值小的表明该系统发展相对滞后,以此辨明是旅游需求发展滞后还是旅游供给发展滞后的问题。根据u_1、u_2评价指数值,旅游需求和旅游供给系统的发展类型可以划分有三种:当$u_1 < u_2$时,表明旅游供给系统发展超越旅游需求系统,为旅游供给优先发展型,或者为旅游需求滞后型;当$u_1 = u_2$时,旅游需求和旅游供给系统的有序发展水平相当,为旅游需求和旅游供给同步发展型;当$u_1 > u_2$时,表明旅游需求系统发展超越旅游供给系统,为旅游供给滞后型,或旅游需求优先发展型。

其次,判断旅游供需系统耦合系统发展的"绝对等级"。为了更加直观地反映出旅游需求系统和供给系统耦合协调发展情况,采用均匀分布函数法将旅游需求系统综合评价指数和供给系统综合评价指数耦合协调度D划分区间并判断等级,以明晰区域供需两大系统间耦合协调发展的大体脉络(见表1)。

表1　　　　　　　　耦合协调度的绝对等级评价标准

序号	耦合协调度区间	协调度等级	发展水平
1	0~0.09	极度失调	初级阶段
2	0.10~0.19	严重失调	初级阶段
3	0.20~0.29	中度失调	初级阶段
4	0.30~0.39	轻度失调	中级阶段
5	0.40~0.49	濒临失调	中级阶段
6	0.50~0.59	勉强协调	中级阶段
7	0.60~0.69	初级协调	中级阶段
8	0.70~0.79	中级协调	高级阶段
9	0.80~0.89	良好协调	高级阶段
10	0.90~0.99	优质协调	高级阶段

结合耦合协调等级划分标准,可以将旅游供需系统耦合协调发展水平分为高、中、低三个阶段。当$0 < D < 0.3$时,判断为初级阶段,反映旅游需求和旅游供给系统的耦合协调发展处于失调的、无序的发展阶段,但是有序发展的势能可能正在孕育之中;当$0.3 < D < 0.7$时,判断为中级阶段,两个系统的耦合协调发展由失调、无序向协调、有序过渡,进入相互磨合与相互适应的中级发展阶段;当$0.7 < D < 1$时,判断为高级阶段,两个系统前期良性

正向促进的积累效应已逐渐显现，二者达到了有序和谐共振的良性循环，系统内的序参量协同势能不断优化，系统的结构达到优质状态，并向新的有序结构不断演化。

4. 指标体系构建

从旅游需求系统和旅游供给系统发展的内在互动关系出发，本文依据代表性、全面性、科学性、整体性、层次性、数据连续性及可操作性等原则，利用频度统计法对旅游产业发展、旅游供需系统相关文献进行收集整理和统计，从中选取了近年来研究者在旅游供给问题的相关研究中使用频度较高的指标。再利用相关性分析、异质系数分析及因子分析法，对初始指标进行主成分筛选、冗余性筛选，对所选高频度指标的内涵与外延进行分析，并兼顾数据的可获取性进行二次筛选对指标进行定夺，通过调整指标体系，最终构建一个四层，含三级指标的区域旅游供需耦合协调模型的指标体系。

（1）旅游需求系统。旅游需求系统表现为一种对目的地旅游产品供给的响应系统，旅游需求系统主要包括游客在目的地旅游消费的流量和流速。

——旅游需求流量子系统。旅游需求流量是旅游目的地产业发展规模的一个重要指标，是反映旅游目的地吸引力的重要指标，包括目的地旅游收入和旅游人次。具体量化为三级评价指标为国内旅游收入、入境旅游收入、国内旅游人次和入境旅游人次。

——旅游需求流速子系统。旅游需求流速反映了旅游需求的变化速度，流速越缓，其对目的地的影响越为深刻。旅游需求流速表现为游客的停留时间，由"旅游者平均停留天数"来衡量。考虑到数据的可得性，本文旅游需求流速指标选择入境旅游者平均停留天数。

——旅游需求特征子系统。旅游需求特征包括旅游消费行为特征和游客特质。旅游消费行为特征考虑到数据的代表性、全民性和可得性，选取国内旅游人均花费和入境旅游人均花费作为旅游消费行为特征的三级指标。

旅游流流质反映旅游需求中游客的特质，全面衡量旅游需求中游客的特征难度相对较大，学界对此主要以定性描述为主。本文从一定规模的游客流量所带来的资金流规模有多大，即旅游流效益的视角，以"旅游流流质指数"进行衡量，具体公式为：

$$Q_i^t = \frac{\dfrac{x_i^t}{\sum_{i=1}^{n} x_1^t}}{\dfrac{y_i^t}{\sum_{i=1}^{n} y_1^t}} \tag{18}$$

其中，Q_i^t 表示 t 时刻第 i 个目的地的旅游流流质指数，x_i^t 表示 t 时刻第 i 个目的地的旅游收入，y_i^t 表示 t 时刻第 i 个目的地的旅游人次。流质指数越大说明旅游流流质越高，即旅游流越高效。

（2）旅游供给系统。旅游供给系统是一个复杂、动态的系统。从广义概念来看，旅游目的地所提供的旅游产品供给包含能过吸引游客到访的一切事物，包括旅游资源、地区特色文化、区域特色餐饮、旅游设施设备、旅游目的地自然条件和社会条件等。结合本文研究需要，经过分析整理，将旅游旅游供给系统主要分为旅游资源子系统、旅游服务子系统以及旅游环境子系统三大子系统，三大子系统共同支撑和构建了目的的旅游供给系统。

——旅游资源子系统。旅游资源是吸引游客到访的核心吸引物，是旅游产业发展的主要载体。旅游目的地的旅游资源具体而言包括旅游目的地的气候、地质、地形、地貌、水系、动植物资源、风土文化及历史古迹等重要元素构成，主要分为自然旅游资源和文化旅游资源。为了全面、客观的评价区域间旅游资源禀赋差异，本文考虑以较高级别旅游资源的数量和较高级别旅游资源密度作为三级评价指标。选取自然旅游资源中具有代表性的高级别旅游资源包括世界自然文化遗产、世界地质公园、国家地质公园、国家森林公园、国家风景名胜区等较高级别的旅游资源；选取文化旅游资源中具有代表性的高级别旅游资源包括世界非物质文化遗产、国家历史文化名城、国家历史文化名镇、国家历史文化名村、全国重点文物保护单位、汉族地区佛教全国重点寺、全国红色旅游景点等旅游资源。

——旅游服务子系统。旅游服务系统包括旅游接待单位、旅游接待设施设备及旅游服务人力资源。在考虑评价指标的客观性、完整性及数据的可获取性的基础上，将旅游服务一级指标量化为旅游服务企业、旅游服务人力资源以及交通运输能力3个二级指标。根据3个二级指标，再细化到三级指标体系。旅游服务企业具体量化到旅行社数量、星级饭店数量、艺术团数量、艺术表演场馆数量4个三级指标；旅游服务人力资源考虑人力资源的现有数量和潜在数量，具体量化到旅行社从业人员数量、星级酒店从业人员数量、旅游学校数量和旅游院校学生数量4个三级指标；旅游交通运输服务能力量化到每万平方公里铁路长度、每万平方公里公路长度2个三级指标。

——旅游环境子系统。旅游目的地旅游环境更多地强调区域旅游产业发展所涉及的环境因素，包括旅游目的地城市发展所承载的经济、社会、文化等因素。根据张琰飞等（2013）、王国新等（2015）学者对旅游环境的定义，本文将旅游环境系统划分为经济环境、社会环境和生态环境。经济环境，主要是指旅游目的地的经济发展水平及各产业发展程度。旅游目的地经济发展水平在很大程度上决定了旅游目的地基础设施的投入和完善程度、区域旅游资源开发能力、社会文明程度和居民的生活水平等。考虑到数据的代表性和可得性，将经济环境指标量化到目的地人均GDP、人均固定资产投资总额、人均外贸进出口总额和人均全年社会消费品零售总额4个三级指标。社会环境，主要表现为政治稳定、社会安定，城市居民有安全感和归属感，能够安居乐业。旅游业是一个波动性较大的产业，旅游目的地的社会治安状况、旅游事故发生概率，以及当地的民俗风情、社会风貌等社会环境都直接影响旅游业的发展，是旅游者选择旅游目的地的重要因素。本文将社会环境量化到教育经费在GDP中占比、每千人口卫生技术人员、万人发生交通事故数量3个三级指标。生态环境，包括空气质量、水文、气象气候的舒适程度、生物多样性等。随着人们生活水平的提高，健康的生活环境日益受到人们的重视，生态环境逐渐成为人们选择旅游目的地的重要因素。本文将生态环境量化到森林覆盖、自然保护区占辖区面积比重、湿地面积占辖区面积比重、空气质量好于二级天数、生活垃圾无害化处理率、人均公园绿地面积6个三级指标。

(三) 研究区域、数据来源及数据处理

1. 旅游经济增长方式分类的研究区域、数据来源及数据处理

为了分析各要素对区域旅游经济发展的贡献率，本文使用31个省份15年的旅游经济产出、旅游产业资本投入量、旅游产业劳动投入量、旅游资源投入量、旅游服务投入量的省际面板数据进行实证分析，考虑到统计口径的一致性，本文选取2003~2017年的统计数据进行分析，样本观察值约10000个。

(1) 旅游产出指标。各地区旅游经济产出用旅游企业营业收入来代表，包括旅行社、星级饭店（内、外资饭店）、旅游景区和旅游车船公司等旅游企业的营业收入。数据来源于2004~2018年《中国旅游统计年鉴（副本）》中各地区旅游企业营业收入。

(2) 资本投入量。资本投入量是能够直接或间接构成生产能力的资本存量，本文选取《中国旅游统计年鉴（副本）》中所统计的旅行社、星级饭店及旅游景区等旅游企业年末固定资产原值作为旅游产业资本投入指标。

(3) 劳动投入量。劳动投入量指直接或间接参与生产过程中的劳动力的投入数量。但由于统计数据的有限性，本文选取《中国旅游统计年鉴（副本）》中所统计的旅行社、星级饭店及旅游景区等旅游企业从业人员数量作为劳动投入指标。

(4) 旅游资源投入量。本文借鉴魏小安（2021）、罗浩等（2016）学者对旅游资源投入指标的构建基础上，选取世界文化遗产、世界地质公园、国家地质公园、国家森林公园、国家风景名胜区、世界非物质文化遗产、国家历史文化名城、国家历史文化名镇、国家历史文化名村、全国重点文物保护单位、汉族地区佛教全国重点寺、全国红色旅游景点共12个较高级别的旅游资源构建指标体系。旅游资源相关数据来源于各类旅游资源审批部门（包括联合国教科文组织、住房与城乡建设部、国家文物局、国家林业和草原局、国土资源部、环保部）网站公布数据整理所得。旅游资源构建指标体系中，各种指标的权重在层次分析的基础上，通过德尔菲法对其权重进行赋值。通过对各种资源数量进行标准化处理后，再分别乘以其赋值，并加总，计算出各省份区每年旅游资源丰裕度指数。其公式如下：

$$R_j = 6.54R_{1j} + 6.64R_{2j} + 6.13R_{3j} + 5.95R_{4j} + 6.97R_{5j} + 6.15R_{6j}$$
$$+ 5.89R_{7j} + 4.23R_{8j} + 6.87R_{9j} + 4.26R_{10j} + 4.17R_{11j} + 4.19R_{12j} \quad (19)$$

式（19）中，R_j 代表 j 省份旅游资源的投入指数，R_{1j}、R_{2j}、R_{3j}、R_{4j}、R_{5j}、R_{6j}、R_{7j}、R_{8j}、R_{9j}、R_{10j}、R_{11j}、R_{12j} 分别为 j 省区世界文化遗产、世界地质公园、国家地质公园、国家森林公园、国家风景名胜区、国家历史文化名城、国家历史文化名镇、国家历史文化名村、世界非物质文化遗产、全国重点文物保护单位、汉族地区佛教全国重点寺、全国红色旅游景点的数量经过无量纲处理后的数值，6.54、6.64、6.13、5.95、6.97、6.15、5.89、4.23、6.87、4.26、4.17、4.19 分别是不同类型旅游资源的权重值。

（5）旅游服务投入量。旅游服务是指通过向旅游者提供旅行服务，吸引旅游者前往目的地的旅游资源，包括了旅游服务数量和旅游服务质量的供给。本文借鉴李国兵（2019）等学者对旅游服务投入指标的构建，以旅游六要素（交通、娱乐、购物、餐饮、住宿、游览）为基础，选取星级酒店、旅行社、区域内每万平方公里公路长度、区域内每万平方公里铁路长度、艺术表演团体的数量、艺术表演场馆的数量、旅游学校数量、旅游学校在校生数量作为统计指标。星级酒店、旅行社、旅游学校数量、旅游学校在校生数量的数据来源于 2004~2018 年《中国旅游统计年鉴》；区域内每万平方公里公路长度、区域内每万平方公里铁路长度、艺术表演团体的数量、艺术表演场馆的数量来源于 2004~2018 年《中国统计年鉴》。旅游服务构建指标体系中，各种指标的权重在层次分析的基础上，通过德尔菲法对其权重进行赋值。通过对各种资源数量进行标准化处理后，再乘以通过层次分析法赋予的各指标体系权重，并加总求和，得到各省份每年的旅游服务投入量。其公式如下：

$$S_j = 9.79S_{1j} + 9.91S_{2j} + 7.63S_{3j} + 7.32S_{4j} + 7.35S_{5j}$$
$$+ 8.67S_{6j} + 6.03S_{7j} + 6.75S_{8j} \quad (20)$$

式（20）中，S_j 代表 j 省份旅游服务的投入指数，S_{1j}、S_{2j}、S_{3j}、S_{4j}、S_{5j}、S_{6j}、S_{7j}、S_{8j} 分别为 j 省份星级酒店、旅行社、区域内每万平方公里公路长度、区域内每万平方公里铁路长度、艺术表演团体的数量、艺术表演场馆的数量、旅游学校数量、旅游学校在校生数量经过无量纲处理后的数值，9.79、9.91、7.63、7.32、7.35、8.67、6.03、6.75 分别是不同类型旅游服务的权重值。

2. 最优增长方式选择的研究区域、数据来源及数据处理

（1）研究区域及数据来源。本文将在研究各省份旅游经济增长方式分类的基础上，研究供需协调视角下最优增长方式的选择。考虑到研究区域和数据来源的代表性和典型性，本文根据分类结果，选取不同增长方式下的代表性省份，即不同增长方式的地区中主要生产要素贡献率排前三的代表性省份2003～2017年的相关数据，样本观察值约6000个。对于个别年份的缺失数据，利用其他年份数据，依托内插修订法或趋势外推法予以赋值。

——旅游需求的流量、流速及特征指标

旅游需求的流量、流速及特征指标包括国内旅游收入、入境旅游收入、国内旅游人次、入境旅游人次、国内旅游人均花费、入境旅游人均花费、国内旅游流质指数及入境旅游流质等指标。相关统计数据，来源于2004～2018年各省份《统计年鉴》《中国旅游统计年鉴》《国民经济和社会发展统计公报》，入境旅游流质指数等由直接数据计算加工而得。

——旅游资源指标

旅游资源指标包括人文旅游资源和自然旅游资源。旅游资源相关数据来源于各类旅游资源审批部门（包括联合国教科文组织、住房与城乡建设部、国家文物局、国家林业和草原局、国土资源部、环保部）网站公布数据整理所得。

——旅游服务指标

旅游服务指标包括旅行社数量、级饭店数量、旅行社从业人员数量、星级酒店从业人员数量、旅游院校数量、旅游院校学生数量、艺术团数量及艺术表演场馆数量数据。相关数据来源于2004～2018年《中国旅游统计年鉴》《中国旅游统计年鉴（正本）》《中国统计年鉴》。

——旅游环境指标

旅游环境指标包括经济环境、社会环境、生态环境三个方面，经济环境选取了人均固定资产投资总额、人均外贸进出口总额、人均全年社会消费品零售总额，社会环境选取了选取教育经费在GDP中占比、每千人口卫生技术人员、万人发生交通事故数量，生态环境选取了森林覆盖率、自然保护区占辖区面积比重（万公顷）、湿地面积占辖区面积比重、空气质量好于二级天数、生活垃圾无害化处理率、人均公园绿地面积。相关数据来源于2004～2018年各省份《统计年鉴》《中国统计年鉴》《中国环境统计年鉴》。其中，空气质量好于二级天数选取该省份省会城市空气质量好于二级天数数据。

（2）数据处理。旅游需求和旅游供给两个系统共涵盖44个原始指标，首先，根据公式（11）和公式（12）对原始数据进行标准化处理。各指标原始数据在数量级和量纲方面的差异，本文对各指标原始数据进行无量纲和非零处理，由于旅游需求和旅游供给均为正向数据，在标准化处理中需要除去数据逆向化状态。其次，利用熵值赋权法计算指标的权重。最后，对指标权重进行统一处理。为了消除不同年份指标权重的差异化，以及受特殊年份、特殊事件影响导致的波动，求得15年权重的平均值，作为各指标的最终权重值，如表2所示。

表 2　　　　　　　　旅游供需系统耦合评价指标体系

耦合系统	一级指标	权重	二级指标	权重	三级指标	权重
需求系统	流量	0.448	旅游收入	0.222	国内旅游收入	0.093
					入境旅游收入	0.129
			游客规模	0.225	国内旅游人次	0.084
					入境旅游人次	0.141
	流速	0.116	旅游流流速	0.116	入境旅游者平均停留天数	0.116
	特征	0.436	游客消费行为特征	0.218	国内旅游人均花费	0.106
					入境旅游人均花费	0.112
			旅游流流质	0.218	国内旅游流质指数	0.107
					入境旅游流质指数	0.111
供给系统	旅游资源	0.342	自然旅游资源	0.134	世界文化遗产（自然）	0.028
					世界地质公园	0.025
					国家地质公园	0.027
					森林公园	0.027
					国家级风景名胜区	0.028
			文化旅游资源	0.207	世界文化遗产（文化）	0.032
					历史文化名城	0.028
					历史文化名镇	0.031
					历史文化名村	0.027
					全国重点文物保护单位	0.029
					汉族地区佛教全国重点寺庙	0.028
					全国红色旅游景点	0.031
	旅游服务	0.291	旅游服务企业	0.116	旅行社数量	0.028
					星级饭店数量	0.028
					艺术团数量	0.031
					艺术表演场馆数量	0.030
			旅游服务人力资源	0.117	旅行社从业人员数量	0.029
					星级酒店从业人员数量	0.030
					旅游学校数量	0.028
					旅游院校学生数量	0.030
			旅游交通服务能力	0.057	每万平方公里铁路长度	0.031
					每万平方公里公路长度	0.026

续表

耦合系统	一级指标	权重	二级指标	权重	三级指标	权重
供给系统	旅游环境	0.367	经济环境	0.119	目的地人均GDP	0.028
					人均固定资产投资总额	0.030
					人均外贸进出口总额	0.031
					人均全年社会消费品零售总额	0.029
			社会环境	0.087	教育经费在GDP中占比	0.030
					每千人口卫生技术人员	0.031
					万人发生交通事故数量	0.026
			生态环境	0.162	森林覆盖率	0.026
					自然保护区占辖区面积比重	0.028
					湿地面积占辖区面积比重	0.029
					空气质量好于二级天数	0.026
					生活垃圾无害化处理率	0.026
					人均公园绿地面积	0.027

资料来源：根据2004～2018年《中国旅游统计年鉴》《中国统计年鉴》《中国环境统计年鉴》和各类旅游资源审批部门（包括联合国教科文组织、住房与城乡建设部、国家文物局、国家林业和草原局、国土资源部、环保部）网站公布数据计算整理得到。

三、各省份旅游经济增长方式评价结果及分析

本文利用2003～2017年31个省份的面板数据，根据生产要素贡献率计算公式，先得到各省份生产要素贡献率，再根据各省份各生产要素贡献率数据，将各省份旅游经济增长方式进行分类。考虑到我国幅员辽阔，各省份的旅游经济增长的表现存在一定的差异性，即使同一时期内，不同地区旅游经济增长的驱动因素也有较大不同。统一用国家的年度数据进行时间序列分析，或用某地区的数据作为代表进行时间序列分析，都将忽视区域层面的差异性，其实证结果将不具有较强的说服力。为了减少控制个体的异质性和不可观测效应，缓解各变量间的多重共线性问题，提高参数估计的准确性，本文采用面板数据变系数模型进行回归分析。

（一）实证结果

1. 单位根检验

为了防止建模过程中出现伪回归，在数据处理完毕之后，必须对模型当中每一个使用的变量进行单位根检验，以判断各变量序列是否平稳序列。本

文采取常用的 LLC 检验、Breitung 检验、IPS 检验、Fisher – ADF 检验、Fisher – PP 检验等单位根的检验方法，分别对 31 个省份的旅游产业收入、旅游产业资本投入量、旅游产业劳动力投入量、旅游产业旅游资源投入量、旅游产业旅游服务投入量的面板时间序列的经过数据处理后的数据进行了单位根检验，检验结果如表 3 所示。

表 3　　　　　　　　　　　单位根检验结果

变量	LLC 检验	Breitung 检验	IPS 检验	Fisher – ADF	Fisher – PP	是否平稳
Y	-2.76954 (0.0028)	-3.90835 (0.0000)	-3.35811 (0.0004)	124.412 (0.0000)	158.039 (0.0000)	平稳
K	-13.8349 (0.0000)	-4.11474 (0.0000)	-10.0355 (0.0000)	207.365 (0.0000)	241.569 (0.0000)	平稳
L	-1.83080 (0.0336)	1.82877 (0.0096)	2.22868 (0.0098)	48.6702 (0.0089)	53.5656 (0.0076)	平稳
R	-4.85774 (0.0000)	-4.78320 (0.0000)	-3.47067 (0.0003)	116.865 (0.0000)	83.4509 (0.0360)	平稳
S	-2.55512 (0.0053)	-3.0488 (0.0011)	-0.82521 (0.0204)	66.5705 (0.0026)	66.4361 (0.0068)	平稳

资料来源：根据 2004~2018 年《中国旅游统计年鉴》《中国统计年鉴》和各类旅游资源审批部门（包括联合国教科文组织、住房与城乡建设部、国家文物局、国家林业和草原局、国土资源部、环保部）网站公布数据计算测算得到。

从表 3 的单位根检验结果来看，该面板时间序列模型当中旅游产业收入、资本投入量、劳动力投入量、旅游资源投入量、旅游服务投入量都是平稳序列，可以根据经济增长理论构建旅游经济增长模型。为了进一步确定该模型应选取固定效应模型还是随机效应模型，因此可以进行以下豪斯曼（Hausman）检验。

2. 豪斯曼（Hausman）检验

在各时间序列都平稳的情况下，运用面板数据回归分析之前，还需要通过豪斯曼（Hausman）检验来进一步验证。其基本原理是，面板数据模型设定检验的目标是确定在模型选择上，该模型应当选择固定效应模型或是随机效应模型。在该设定的检验中，零假设 H0 则优先选择随机效应模型，对立假设 H1 则应优先选择固定效应模型。选择两个不相关的不同估计量，一个是最小二乘虚拟变量法的估计量，另一个是广义最小二乘法的估计量。豪斯曼（Hausman）检验原假设是随机效应比较好，如果检验结果显示 p 值小于 0.01，则拒绝原假设，应建立固定效应模型。

豪斯曼（Hausman）检验结果如表 4 所示，豪斯曼（Hausman）检验输出结果的上半部分可以看出，豪斯曼（Hausman）检验统计量的值为122.342715，相对应的概率为0.0000，p值远小于0.01，拒绝原假设，应建立固定效应模型。

表4　　　　　　　　　　豪斯曼（Hausman）检验结果

Hausman 检验				
Chi – Sq. Statistic				122.342715
Prob.				0.0000
变量	固定效应	随机效应	方差	Prob
K	0.592919	0.828267	0.000594	0.0000
L	0.230237	0.197584	0.000863	0.0266
R	0.906090	0.161140	0.004662	0.0000
S	0.072997	0.087009	0.002355	0.0078

豪斯曼（Hausman）检验输出的下半部分检验结果，是豪斯曼（Hausman）检验中间结果比较。旅游产业资本投入的产出弹性，个体固定效应模型对参数的估计值为0.592919，随机效应模型对参数的估计值为0.828267，两个参数的估计量的分布方差的差为0.000594。旅游产业劳动力投入的产出弹性，个体固定效应模型对参数的估计值为0.230237，随机效应模型对参数的估计值为0.197584，两个参数的估计量的分布方差为0.000863。旅游产业旅游资源投入的产出弹性，个体固定效应模型对参数的估计值为0.906090，随机效应模型对参数的估计值为0.161140，两个参数的估计量的分布方差的差为0.004662。旅游产业劳动力投入的产出弹性，个体固定效应模型对参数的估计值为0.072997，随机效应模型对参数的估计值为0.087009，两个参数的估计量的分布方差的差为0.002355。

综上分析，我国旅游经济增长要素产出弹性的面板数据分析，应当建立固定效应模型。此外通过上述分析，可以得知随地区不同，旅游经济增长的各要素（截距项）存在显著性差异，对我国旅游经济增长要素产出弹性的分析，应当建立固定效应变系数模型。

3. 要素产出弹性

本文利用2003~2017年31个省份的旅游产出、资本投入、劳动力投入、旅游资源投入和旅游服务投入面板数据，采用固定效应变系数回归模型，进行回归分析，分析各省份旅游业经济增长中各要素的产出弹性（见表5）。

表5　　　　　　　　　　固定效应变系数模型回归结果

省份	资本	劳动力	旅游资源	旅游服务
北京	0.994175	−0.430058	−0.081724	0.635388
天津	0.73893	0.255543	−0.183261	0.588241
河北	0.461653	0.642521	−0.115749	0.314764
山西	−0.03504	0.963068	2.372834	−0.115709
内蒙古	0.41495	0.391507	0.286017	−0.265818
辽宁	−0.039719	0.183054	0.437786	0.24486
吉林	0.097156	−0.129643	0.564339	−0.148213
黑龙江	0.385674	−0.158193	−0.348694	−0.082528
上海	0.961117	−0.549829	0.032431	1.202184
江苏	0.803022	−0.041507	−0.034471	0.74209
浙江	0.300959	0.326237	−0.234326	0.527589
安徽	0.361715	0.50885	−0.314163	0.934186
福建	0.614743	0.028467	0.476444	0.806252
江西	0.51179	0.514822	0.342056	−0.375026
山东	−0.005132	0.569485	0.647426	0.480003
河南	0.61379	0.877745	−0.136261	−0.138136
湖北	0.317191	0.156311	0.938297	−0.428343
湖南	0.444536	−0.424938	1.093433	−0.196569
广东	0.648065	−0.293514	−0.254992	1.170969
广西	0.273714	−0.07507	0.592887	−0.28087
海南	0.099586	−0.730915	0.227006	0.401881
重庆	0.090515	0.258638	0.600875	1.078476
四川	−0.120292	0.494225	0.925584	0.968335
贵州	0.005216	0.450715	0.56525	−0.066321
云南	0.174193	0.576003	0.660041	0.379683
西藏	0.277605	−0.082811	0.107381	0.270526
陕西	0.197733	0.325026	0.322823	0.521122
甘肃	0.326602	0.34067	0.445584	−0.05485
青海	0.368778	0.028088	−0.027645	0.383776
宁夏	0.390544	0.423071	0.352744	0.361115

续表

省份	资本	劳动力	旅游资源	旅游服务
新疆	0.365366	0.639637	-0.079139	0.493859
R-squared		0.97142		
Adjusted R-squared		0.959603		
F-statistic		82.20711		
Prob（F-statistic）		0.000000		
Durbin-Watson stat		2.180551		

资料来源：根据2004~2018年《中国旅游统计年鉴》《中国统计年鉴》和各类旅游资源审批部门（包括联合国教科文组织、住房与城乡建设部、国家文物局、国家林业和草原局、国土资源部、环保部）网站公布数据计算测算得到。

从各省份服务资源投入产出弹性系数来看，与各省份服务资源投入产出弹性系数相似，有11个省份的旅游服务资源投入产出弹性系数为负数，在所有服务资源投入产出弹性系数为负的省份中，弹性系数最小的省份是湖北省，其服务资源投入产出弹性系数为-0.428343。在所有服务资源投入产出弹性系数为正的省份中，弹性系数最大的省市是上海市，其服务资源投入产出弹性系数为1.202184，除上海市外，还有2个省份的服务资源投入产出弹性系数大于1。这2个服务资源投入产出弹性系数大于1的省份，分别是广东省和重庆市。

从模型的整体的显著性和稳定性来看，F值为82.20711，相应的概率值Prob.为0.0000，可以拒绝原假设，说明模型的整体拟合情况良好。从模型整体的拟合度来看，R^2值为0.97142，调整后的R^2值为0.959603，都在90%以上，说明模型的整体拟合情况良好。从模型拟合的残差序列相关性来看，D-W值为2.180551，接近于序列无自相关的标准值2，可以判断可能存在一定的序列自相关，整体来看该回归模型能够说明被解释变量与解释变量之间的关系。

4. 旅游收入及要素投入增长率

2003~2017年是我国经济快速发展的15年，国内居民对旅游等服务性消费需求显著增长，表现为这15年内，我国旅游收入以年均11.44%的速度快速增长。整体来看，旅游收入的增长速度明显高于资本、劳动等生产要素投入的增长速度。在四种主要的投入要素中，旅游资源的增长率最快，旅游资源的投入以年均6.62%的速度增长，其次是旅游服务和资本，旅游服务以年均6.31%的速度增长，资本投入以年均5.45%的速度增长，在所有投入要素中，劳动力投入增长最慢，年均增长率为1.62%（见表6）。

表6　　　　　　　　2003~2017年各省份旅游经济及要素年均增长率

省份	旅游收入	资本	劳动力	旅游资源	旅游服务
北京	0.078802	0.038833	-0.015756	0.084855	0.045884
天津	0.081009	0.085148	0.006757	-0.04514	0.038527
河北	0.123462	0.072953	0.058975	0.063187	0.070525
山西	0.157169	0.089382	-0.008781	0.0209960	0.087075
内蒙古	0.159023	0.116337	0.059561	0.120951	0.097476
辽宁	0.107145	0.007208	0.006767	0.025819	0.051540
吉林	0.117037	0.022932	-0.000231	0.031901	0.063870
黑龙江	0.106408	-0.017712	0.011637	0.09833	0.028387
上海	0.122233	0.045795	-0.009830	-0.00111	0.039098
江苏	0.136752	0.054173	0.023323	0.017833	0.055146
浙江	0.074533	0.064917	0.027782	0.063954	0.079697
安徽	0.181427	0.093922	0.035101	0.037842	0.063935
福建	0.162753	0.075350	0.031475	0.096789	0.044399
江西	0.264444	0.077186	0.073576	0.100122	0.075090
山东	0.097383	0.048321	0.042742	0.027699	0.067438
河南	0.136325	0.103560	0.057540	0.080355	0.063578
湖北	0.148531	0.061346	0.032836	0.058296	0.051000
湖南	0.198954	0.111400	0.077151	0.082027	0.069228
广东	0.050908	0.022225	-0.057946	0.091287	0.062533
广西	0.090722	0.017207	0.011135	0.06362	0.033225
海南	0.104679	0.046287	0.016731	0.234854	0.030897
重庆	0.154062	0.085122	0.045981	0.114766	0.075087
四川	0.184770	0.109459	0.044753	0.04628	0.047382
贵州	0.218421	0.064779	0.077872	0.111951	0.074086
云南	0.103541	0.074389	0.044832	0.029445	0.056499
西藏	0.150668	0.114004	0.015203	0.099754	0.085115
陕西	0.136799	0.074127	0.057939	0.052451	0.058258
甘肃	0.151975	0.080441	0.044642	0.04646	0.064903
青海	0.215036	0.150346	0.093442	0.055011	0.096140
宁夏	0.176530	0.140207	0.045659	-0.03135	0.064057
新疆	0.115829	0.066336	0.045213	0.194099	0.048069

资料来源：根据2004~2018年《中国旅游统计年鉴》《中国统计年鉴》和各类旅游资源审批部门（包括联合国教科文组织、住房与城乡建设部、国家文物局、国家林业和草原局、国土资源部、环保部）网站公布数据计算测算得到。

从省际层面来看，各省份旅游经济及各要素总体呈增长趋势，但旅游经济及各要素投入增长率表现各有不同。在各省份旅游产业经济收入和各要素投入中，旅游收入、旅游资本以及旅游服务的投入量各省份呈现增长趋势，旅游产业劳动力和旅游资源投入量有个别省份呈负增长状态，这是和旅游经济发展的总体趋势有关。随着旅游需求从大众化转向个性化、多样化的消费需求，对大众化旅游产品需求量的减少，必然引起不同要素投入量的变化。

5. 要素贡献率

根据要素投入贡献率的公式，利用各省份各生产要素投入增长率、要素产出弹性以及旅游业产出增长率，分别计算各省份各生产要素贡献率。从索罗模型可以得到，扣除劳动、资本、旅游资源等生产要素的贡献率外，所有其他剩余因素的总和贡献率是TFP广义技术进步贡献率。经过测算，各省份的广义技术进步贡献率都不高，技术进步贡献率超过20%的省份只有3个，并且广义技术进步率包括了创新、制度、管理等全要素投入，涉及的要素较多，不是本章节分析的重点，因此在表7中不将技术进步贡献率列入表中。

表7　　　　　　　　各省份生产要素贡献率及排名

省份	资本贡献率	排序	劳动力贡献率	排序	旅游资源贡献率	排序	旅游服务贡献率	排序
北京	0.65514	2	−0.14636	27	−0.11023	24	0.46343	8
天津	0.66226	1	−0.06469	24	−0.14413	27	0.39481	10
河北	0.59044	3	0.22881	6	−0.08391	23	0.25469	17
山西	−0.04027	29	0.36176	2	0.67681	6	−0.13687	26
内蒙古	0.58110	4	0.21080	10	0.33486	13	−0.25081	29
辽宁	−0.04126	30	−0.09115	26	0.43468	9	0.48532	7
吉林	0.05052	26	−0.02618	22	0.35904	11	−0.18879	27
黑龙江	0.40501	14	−0.00396	20	−0.46605	31	−0.03184	21
上海	0.56834	5	−0.06602	25	−0.00029	19	0.38036	11
江苏	0.55674	6	−0.00768	21	−0.00549	20	0.36579	12
浙江	0.40168	15	0.09755	13	−0.27690	29	0.77691	2
安徽	0.37640	17	0.06472	14	−0.14009	26	0.70380	3
福建	0.38260	16	0.01163	19	0.37007	10	0.28728	15
江西	0.51146	10	0.29593	3	0.34808	12	−0.28622	30
山东	−0.00564	28	0.11264	12	0.27665	14	0.49937	6
河南	0.53637	8	0.48447	1	−0.07576	22	−0.06077	23
湖北	0.28176	20	0.02177	16	0.83695	4	−0.33426	31

续表

省份	资本贡献率	排序	劳动力贡献率	排序	旅游资源贡献率	排序	旅游服务贡献率	排序
湖南	0.36613	18	−0.17266	28	0.88175	3	−0.13378	25
广东	0.32314	19	−0.31694	31	−0.45786	30	1.44029	1
广西	0.22238	21	0.01527	18	0.82341	5	−0.20371	28
海南	0.12869	24	−0.30468	30	1.02819	1	0.23947	19
重庆	0.07395	25	0.05384	15	0.45094	8	0.52954	5
四川	−0.16767	31	−0.21787	29	0.63136	7	0.67625	4
贵州	0.00707	27	0.21094	9	1.00351	2	−0.07792	24
云南	0.20293	22	0.29015	4	0.18537	16	0.20461	20
西藏	0.48372	11	−0.03323	23	0.16826	17	0.36170	13
陕西	0.18266	23	0.23465	5	0.16558	18	0.29688	14
甘肃	0.45449	13	0.16844	11	0.26668	15	−0.04586	22
青海	0.53500	9	0.01645	17	−0.01656	21	0.40183	9
宁夏	0.54745	7	0.22736	7	−0.13110	25	0.27427	16
新疆	0.46970	12	0.21321	8	−0.16184	28	0.25011	18

资料来源：根据 2004~2018 年《中国旅游统计年鉴》《中国统计年鉴》《中国环境统计年鉴》和各类旅游资源审批部门（包括联合国教科文组织、住房与城乡建设部、国家文物局、国家林业和草原局、国土资源部、环保部）网站公布数据测算所得。

从表 7 各省份生产要素贡献率可以发现，资本对旅游经济增长的贡献率基本呈正数，而劳动力、旅游资源和旅游服务对旅游经济增长的贡献率有 10 个左右的省份呈负数。从省际各要素贡献率的排名来看，资本贡献率排前三的省份有北京市、天津市和河北省；劳动力贡献率排前三的有河南省、山西省和江西省；旅游资源贡献率排前三的有海南省、贵州省和湖南省；旅游服务贡献率排前三的省份是广东省、浙江省和安徽省。

（二）各省份旅游经济增长方式分类

本文借鉴罗浩等（2016）学者对旅游经济增长方式的划分的分类思路，即将各省份旅游经济增长方式划分为单一要素驱动型和多要素驱动型。按 50% 作为临界点，将各省份旅游经济增长方式划分为单要素驱动型和多要素共同驱动型。第一步，将单一要素贡献率超过 50% 的省份，划分为此种要素驱动型旅游经济增长方式；第二步，对各个要素贡献率都低于 50% 的省份，根据排名靠前的两种要素，界定为排名靠前的两种要素共同驱动型；若各个要素贡献率都高于 50% 的省份，根据排名靠前的两种要素，界定为排名靠前的两种要素共同驱动型。除以上情况外，其他情况以贡献率最高的要素为驱动要素，划分为此种要素驱动型旅游经济增长方式。根据表7中对我国及各省份生产要素贡献率的测算，可以将我国各省份旅游经济增长方式分成资本驱动型、资源驱动型、服务驱动型、资本—旅游资源共同驱动型、资本—旅游服务共同驱动型、旅游资源—旅游服务共同驱动型、劳动—旅游服务共同驱动型7种类型。从表8各省份旅游经济增长方式分类结果可以看出，7种旅游经济增长方式中，资本驱动型和资源驱动型的省份较多，其中资本驱动型共有11个省份，资源驱动型有6个省份，说明资本和旅游资源，这两种要素是当前我国旅游经济增长方式中最主要的驱动力。

表8　　　　　　　　各省份旅游经济增长方式分类

旅游经济增长方式	省份
资本驱动型	北京、天津、河北、内蒙古、上海、江苏、江西、河南、青海、宁夏、黑龙江
资源驱动型	山西、湖北、湖南、广西、海南、贵州
服务驱动型	浙江、安徽、广东、重庆
资本—旅游资源共同驱动型	福建、吉林、甘肃
资本—旅游服务共同驱动型	西藏、新疆
旅游资源—旅游服务共同驱动型	辽宁、山东、四川
劳动—旅游服务共同驱动型	云南、陕西

四、供需协调视角下我国旅游经济最优增长方式选择

从各省份旅游经济增长方式分类的结果来看，单一要素驱动的增长方式有资本驱动型、资源驱动型和服务驱动型，对此根据分类结果，在资本驱动型、资源驱动型和服务驱动型省份中，选择生产要素贡献率排前三的9个代表性省份的相关数据，对资本驱动型、资源驱动型和服务驱动型省市的供需系统耦合协调情况进行比较分析，从供需协调视角下探寻我国旅游经济最优增长方式。

（一）不同增长方式下省份旅游供需系统耦合协调度分析

1. 总体情况分析

基于2003～2017年旅游需求、旅游供给系统综合评价指数值u_1、u_2，利用本文所构建的耦合协调度模型，可以得到9省份旅游供需系统耦合度、协调度，进一步计算得到2003～2017年9省份旅游供需系统耦合协调度，结果如表9所示。

表 9　2003~2017 年 9 省份旅游供需系统综合耦合协调度描述性统计

年份	最大值	最小值	中位数	平均值	标准差
2003	0.785878	0.352224	0.411581	0.530613	0.170143
2004	0.796249	0.331994	0.54367	0.543851	0.168067
2005	0.829755	0.372742	0.552989	0.572312	0.164679
2006	0.795708	0.413784	0.556961	0.588301	0.137286
2007	0.812533	0.39587	0.546215	0.57717	0.155634
2008	0.810941	0.397484	0.55076	0.576153	0.155508
2009	0.802187	0.394227	0.552037	0.589261	0.14695
2010	0.802481	0.400235	0.547604	0.591174	0.144665
2011	0.805796	0.396966	0.534719	0.581293	0.138349
2012	0.804993	0.379784	0.533795	0.564954	0.138504
2013	0.801787	0.388318	0.521777	0.560007	0.138737
2014	0.807019	0.383119	0.532821	0.565663	0.136957
2015	0.810082	0.371707	0.538299	0.563851	0.136768
2016	0.810883	0.345956	0.521017	0.560253	0.135798
2017	0.815294	0.366097	0.515580	0.567969	0.131971

资料来源：根据 2004~2018 年《中国旅游统计年鉴》《中国统计年鉴》《中国环境统计年鉴》数据计算整理得到。

表 9 描述了 2003~2017 年 9 省份旅游供需系统耦合协调度的最大值、最小值、中位数、平均值和标准差。9 省份旅游供需系统耦合协调度的最大值总体上呈上升趋势，从 2003 年的 0.785878 波动上涨到 2017 年的 0.815294；最小值在波动中上涨，总体上呈微弱的上升趋势，从 2003 年的 0.352224 到 2006 年的 0.413784，到达顶峰，又逐步下降到 2016 年的 0.345956，到 2017 年有所回升，2017 年上升到 0.366097。从 9 省份旅游供需系统耦合协调度的最大值、最小值变化来看，最大值上升趋势明显，最小值波动中有微弱的上升，极差逐渐扩大，说明省份间旅游供需系统耦合协调度差距逐渐拉大。

9 省份旅游供需系统耦合协调度的中位数呈谷—峰—谷变化，旅游供需系统耦合协调度的中位数从 2003 年的 0.411581 上涨到 2009 年的 0.552037，到达顶峰，又逐步下降到 2017 年的 0.515580。2003 年"非典"风波是旅游业各项数据明显下降，到 2004 年"非典"风波过后，旅游业各方面数据都有所上升，从中位数的变化趋势来看，2004 年以后中位数一直保持在 0.5~0.55 之间，2010 年以后有逐步下降趋势。9 省份旅游供需系统耦合协调度的平均值的变化趋势与中位数的变化趋势接近，也呈谷—峰—谷变化，2003 年平均值开始，到 2010 年到达顶峰后，从 2011 年开始逐步下降。但从平均值的总体变化来看,9省份旅游供需系统耦合协调度整体有所上升,从2003年的0.530613上升到2017年的0.567969。

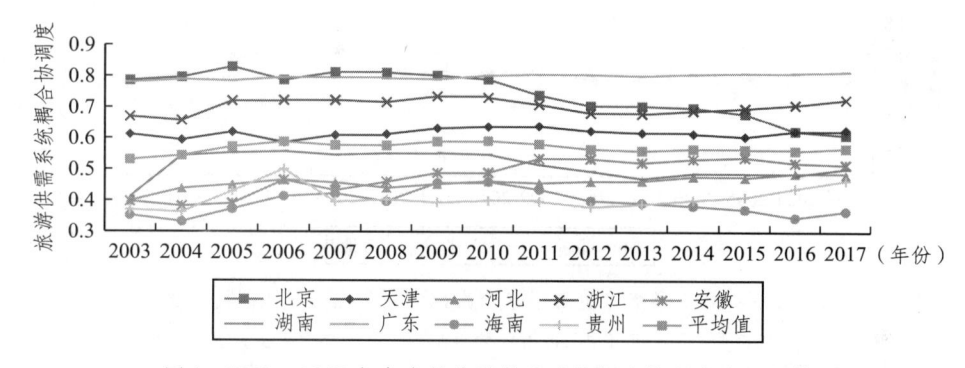

从标准差分布区间来看,2003~2017年9省份旅游供需系统耦合协调度的标准差在0.13~0.18之间,各省份旅游供需系统耦合协调度分布不均匀,较为离散。从标准差的时序变化来看,2003~2017年呈逐步下降趋势,从2003年的0.170143下降到2017年的0.131971,省份间离散程度越来越小,反映出各省份旅游供需系统耦合系统度逐渐有趋同趋势。

根据耦合协调度模型,可以得到2003~2017年9省份旅游供需系统耦合度、协调度,进一步计算得到2003~2017年9省份旅游供需系统耦合协调度,如图1所示。从图1可以直观地看出,2003~2017年9省份旅游供需系统耦合协调度变化趋势线分布在0.3~0.9区间,并且主要集中在0.4~0.6区间,说明从整体来看不同增长方式下的省份旅游供需系统耦合协调发展水平主要集中在中级阶段。

图1 2003~2017年各省份旅游供需系统耦合协调度变化趋势

资料来源:根据2004~2018年《中国旅游统计年鉴》《中国统计年鉴》《中国环境统计年鉴》数据计算整理得到。

取9省份2003~2017年旅游供需系统耦合协调度的平均值,得到2003~2017年9省份旅游供需系统耦合协调度平均值变化趋势线。将9省份旅游供需系统耦合协调度平均值变化趋势线和9省份旅游供需系统耦合协调度变化趋势线对比发现,高于平均值变化趋势线的省份有4个,低于平均值变化趋势线的省份有5个。高于平均值变化趋势线的省份有北京市、天津市、浙江省和广东省,除北京市外,其他3个省份旅游供需系统耦合协调度发展较为稳定,超过平均值变化趋势线的4个省份中,北京市和天津市旅游经济增长方式属于资本驱动型,浙江省和广东省旅游经济增长方式属于服务驱动型。低于平均值变化趋势线的省份有河北省、安徽省、湖南省、海南省和贵州省,低于平均值变化趋势线的5个省份其旅游供需系统耦合协调度变化趋势线波动较大,说明5省份旅游供需系统还处于磨合调整阶段。从省份所属的旅游经济增长方式来看，河北省属于资本驱动型，安徽省属于服务驱动型，湖南省、海南省和贵州省属于资源驱动型。通过对比发现，资本驱动型省份和资源驱动型省份供需系统耦合协调度变化趋势线大多处于平均值变化趋势线上方，而资源驱动型省份供需系统耦合协调度变化趋势线全部处于平均值变化趋势线下方。

2. 资本驱动型地区旅游供需系统耦合协调度分析

根据计算得到的 2003~2017 年旅游供需系统耦合协调度，结合供需系统耦合协调水平划分标准，对资本驱动型省份供需耦合协调度进行分析。从图 2 可以看出，样本中 3 个资本驱动型省份旅游供需耦合协调度逐渐趋同，北京市旅游供需系统耦合协调度呈现出下降趋势，天津市旅游供需系统耦合协调度基本稳定在 0.6 左右，河北省旅游供需系统耦合协调度呈现出上升趋势。

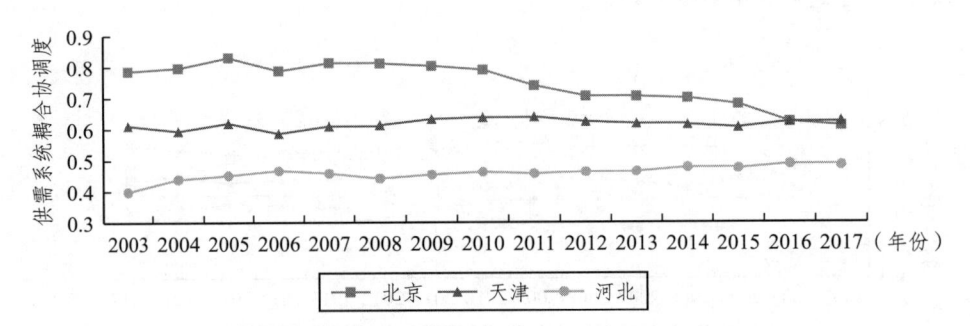

图 2　2003~2017 年资本驱动型省份旅游供需系统耦合协调度变化趋势

资料来源：根据 2004~2018 年《中国旅游统计年鉴》《中国统计年鉴》《中国环境统计年鉴》数据计算整理得到。

北京市旅游供需系统耦合协调度从良好协调阶段下降到了初级协调阶段，经历了三个阶段，第一个阶段是 2003~2010 年，北京市旅游供需系统耦合协调度稳定在 0.8 左右，基本处于良好协调初期阶段；第二个阶段是 2011~2014 年，其耦合协调度下降到 0.7~0.79 区间，属于中级协调阶段；第三阶段是 2015~2017 年，北京市旅游供需系统耦合协调度下降到了 0.6~0.69 区间，属于初级协调阶段。

2003~2017 年天津市旅游供需系统耦合协调度基本保持 0.6~0.69 区间，属于初级协调阶段。河北省相对北京市和天津市而言，其旅游供需系统耦合协调度较低，2003~2017 年其旅游供需系统耦合协调度一直处于 0.4~0.49 区间，属于濒临失调阶段，但从其发展趋势来看，呈现出缓慢上升趋势，到 2017 年已接近勉强协调阶段。

3. 资源驱动型地区旅游供需系统耦合协调度分析

2003~2017 年资源驱动型省份旅游供需系统耦合协调度皆属于中级协调

阶段，且省份间旅游供需耦合协调度有逐渐趋同的趋势，如图3所示。从三省旅游供需系统耦合协调度变化曲线位置来看，湖南省旅游供需系统耦合协调度高于海南省和贵州省。湖南省旅游供需系统耦合协调度处于0.5左右，主要分为两个阶段：2003年耦合协调度从0.411581上升到2004年的0.54367，进入勉强协调阶段，2004~2011年其旅游供需系统耦合协调度处于0.5~0.59区间，属于勉强协调阶段，到2012年开始下跌，2012~2016年其旅游供需系统耦合协调度处于0.4~0.49区间，属于濒临失调阶段，到2017年耦合协调度上升到0.502906，再次进入勉强协调阶段。

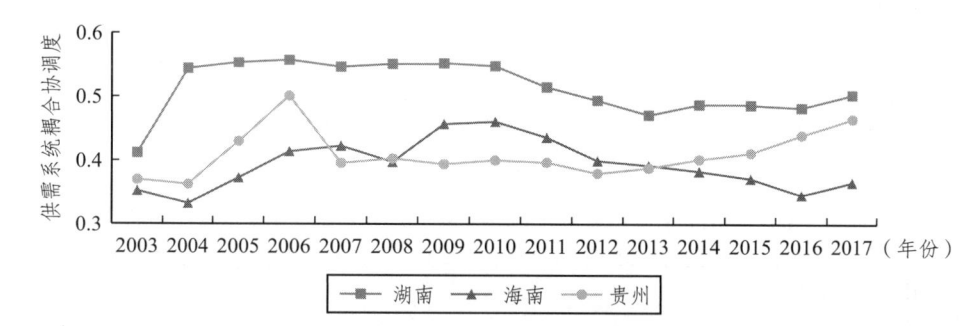

图3 2003~2017年资源驱动型省份旅游供需系统耦合协调度变化趋势

资料来源：根据2004~2018年《中国旅游统计年鉴》《中国统计年鉴》《中国环境统计年鉴》数据计算整理得到。

2003~2017年海南省旅游供需系统耦合协调度主要处于轻度失调和濒临失调阶段。从时序变化来看，海南省供需系统耦合协调度波动幅度较大，呈现出谷—峰—谷—峰—谷波动。海南省供需系统耦合协调度从2003年的0.352224上升到2006年的0.413784，进入濒临失调阶段，除2008年以外，2006~2011年海南省供需系统耦合协调度一直处于0.4~0.49区间，属于濒临失调阶段，2012年耦合协调度开始下降，其后2012~2017年其旅游供需系统耦合协调度一直处于0.3~0.39区间，属于轻度失调阶段。2003~2017年海南省旅游供需系统耦合协调度，经历了轻度失调—濒临失调—轻度失调的变化。

2003~2017年贵州省旅游供需系统耦合协调度主要处于轻度失调和濒临失调阶段，且耦合协调度呈上升趋势。从时序变化来看，贵州省供需系统耦合协调度主要分为两个阶段：第一阶段2003~2013年，贵州省供需系统耦合协调度除2005年、2006年以及2008年以外，其耦合协调度基本处于0.3~0.39区间，属于轻度失调阶段；第二阶段2014~2017年，贵州省供需系统耦合协调度进入0.4~0.49区间，属于濒临失调阶段。

4. 服务驱动型地区旅游供需系统耦合协调度分析

2003~2017年3个服务驱动型典型省份的旅游供需系统耦合协调度趋势

线分布，呈明显的阶梯状，且省份间旅游供需系统耦合协调度差距逐渐缩小，如图 4 所示。处于第一阶梯的是广东省，其旅游供需系统耦合协调度基本保持在 0.8 左右；处于第二阶梯的是浙江省，其旅游供需系统耦合协调度基本保持在 0.7 左右；处于第三阶梯的是安徽省，其旅游供需系统耦合协调度基本保持在 0.4~0.55 区间。

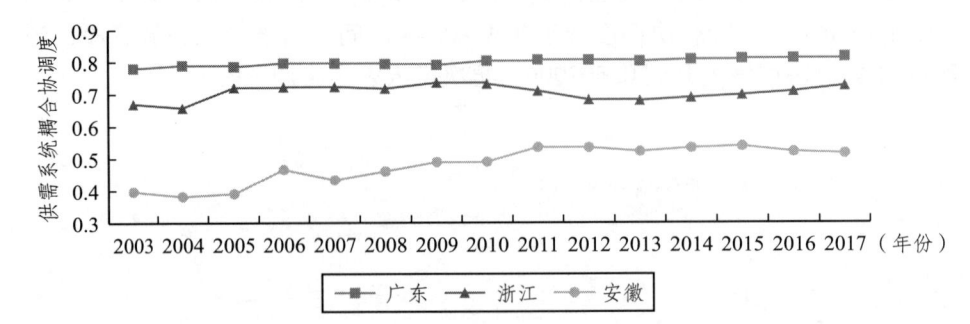

图 4 2003~2017 年服务驱动型省份旅游供需系统耦合协调度变化趋势

资料来源：根据 2004~2018 年《中国旅游统计年鉴》《中国统计年鉴》《中国环境统计年鉴》数据计算整理得到。

具体来看，2003~2017 年广东省旅游供需系统耦合协调度经历了两个阶段，第一阶段是 2003~2009 年，广东省旅游供需系统耦合协调度稳定在 0.7~0.79 区间，处于中级协调阶段；第二阶段是 2010~2017 年，广东省旅游供需系统耦合协调度进入 0.8~0.89 区间，进入良好协调阶段。从供需耦合度来看，广东省旅游业发展水平处于高级阶段，且上升趋势明显。

2003~2017 年浙江省旅游供需系统耦合协调度一直围绕中级阶段向高级阶段发展的临界点 0.7 上下波动，从图 4 可以看出，浙江省旅游供需系统耦合协调度经历了初级协调—中级协调—初级协调—中级协调的波动。2003~2004 年浙江省旅游供需系统耦合协调度处于 0.6~0.69 区间，属于初级协调阶段；2005~2011 年其旅游供需系统耦合协调度处于 0.7~0.79 区间，属于中级协调阶段；2012~2015 年其旅游供需系统耦合协调度下降到 0.6~0.69 区间，属于初级协调阶段；2016 年以后其旅游供需系统耦合协调度再次上升到 0.7~0.79 区间，属于中级协调阶段，进入高级发展阶段。

安徽省相对而言，是服务驱动型省份中旅游业发展水平相对较低的省份，2003~2017 年浙江省旅游供需系统耦合协调度变化，跨越了三个耦合协调等级，从轻度失调阶段上升到濒临失调阶段，再上升到勉强协调阶段，呈现出强劲的发展潜力。具体而言，2003~2005 年安徽省旅游供需系统耦合协调度处于 0.3~0.39 区间，属于轻度失调阶段；2006~2010 年其旅游供需系统耦合协调度上升 0.4~0.49 区间，属于濒临失调阶段；2011~2017 年其旅游供需系统耦合协调度上升到 0.5~0.59 区间，属于勉强协调阶段。总体来看，安徽省旅游供需系统耦合协调度发展水平处于中级阶段，且上升趋势明显。

从不同增长方式下的省份旅游供需系统耦合协调度分别来看，资本驱动型省份旅游供需耦合协调度逐渐趋同，北京市旅游供需系统耦合协调度呈现出下降趋势，天津市旅游供需系统耦合协调度基本稳定在0.6左右，河北省旅游供需系统耦合协调度呈现出上升趋势；资源驱动型省份旅游供需系统耦合协调度皆属于中级协调阶段，且省份间旅游供需耦合协调度有逐渐趋同的趋势；服务驱动型省份的旅游供需系统耦合协调度趋势线分布，呈明显的阶梯状，且省份间旅游供需系统耦合协调度差距逐渐缩小。从不同增长方式下的省份旅游供需系统耦合协调度的变化趋势来看，单独看每种增长方式下省份间旅游供需系统耦合协调度差距都逐渐缩小，需要进一步通过分析，才能判断哪种旅游经济增长方式更能带动旅游供需系统协调发展。

（二）供需协调视角下最优增长方式选择

在求得各省份旅游供需系统耦合协调度和耦合协调等级后，还不能直观地判断出供需协调视角下哪一种旅游经济增长方式是最优增长方式，需要将9省份归类从截面特征和时序特征进行比较分析，进而得出判断。从截面特征比较，可以反映近期不同增长方式下省份旅游供需系统耦合协调等级；从时序特征比较，可以反映出不同增长方式下省份旅游供需系统耦合协调程度变化趋势。通过对不同增长方式下各省份截面特征和时序特征的比较，直观反映出供需协调视角下的最优增长方式。

1. 截面特征比较

根据上文对省份旅游经济增长方式的分析，样本中北京市、天津市和河北省属于资本驱动型省份，湖南省、海南省和贵州省属于资源驱动型省份，安徽省、广东省和浙江省属于服务驱动型省份。从不同增长方式角度来看，2017年资本驱动型、资源驱动型和服务驱动型省份旅游供需系统耦合协调度发展水平和耦合协调等级差距较大（见表10）。

表10　2017年各省份旅游供需系统耦合协调度

增长方式	省份	耦合协调度	耦合协调等级	发展水平
资本驱动型	北京	0.610391	初级协调	中级阶段
	天津	0.627064	初级协调	中级阶段
	河北	0.483735	濒临失调	中级阶段
资源驱动型	湖南	0.502906	勉强协调	中级阶段
	海南	0.366097	轻度失调	中级阶段
	贵州	0.465016	濒临失调	中级阶段

续表

增长方式	省份	耦合协调度	耦合协调等级	发展水平
服务驱动型	浙江	0.725639	中级协调	高级阶段
	安徽	0.51558	勉强协调	中级阶段
	广东	0.815294	良好协调	高级阶段

资料来源：根据 2004~2018 年《中国旅游统计年鉴》《中国统计年鉴》《中国环境统计年鉴》数据计算整理得到。

第一，从耦合协调视角出发，服务驱动型增长方式下的省份旅游发展水平主要集中在高级阶段，同时其旅游发展水平领先于资本驱动型和资源驱动型省份。2017 年各省份旅游供需系统综合耦合协调度中，北京市、天津市、河北省、湖南省、海南省、贵州省和安徽省 7 省份的旅游供需系统耦合协调度处于 0.3~0.69 区间，属于中级发展阶段；9 省份中仅有两个省份旅游供需系统耦合协调度处于 0.7~1.0 区间，属于高级发展阶段，这两个省份分别是浙江省和广东省，根据上文所得数据，浙江省和广东省旅游经济增长方式皆属于服务驱动型。

第二，从耦合协调等级来看，服务驱动型省份优先于资本驱动型省份，资本驱动型省份优先于资源驱动型省份。尽管资本驱动型省份和资源驱动型省份旅游发展水平都处于中级阶段，但资本驱动型省份主要集中在 9 省份耦合协调等级分布的第三阶梯，资源驱动型省份在 9 省份耦合协调等级分布中处于第四、第五、第六阶梯。具体而言：2017 年各省份旅游供需系统耦合协调度所处的耦合协调等级来看，排在第一阶梯的是广东省，其旅游供需系统耦合协调度为 0.815294，属于良好协调阶段；排在第二阶梯的是浙江省，其旅游供需系统耦合协调度为 0.725639，属于中级协调阶段；排在第三阶梯的是北京市、天津市，其旅游供需系统耦合协调度分别为 0.610391 和 0.627064，属于初级协调阶段；排在第四阶梯的是湖南省和安徽省，其旅游供需系统耦合协调度分别为 0.502906 和 0.51558，属于勉强协调阶段；排在第五阶梯的是河北省和贵州省，其旅游供需系统耦合协调度分别为 0.483735 和 0.465016，属于濒临失调阶段；排在第六阶梯的是海南省，其旅游供需系统耦合协调度分别为 0.366097，属于轻度失调阶段。

为了更直观的判断不同增长方式下省份旅游供需系统耦合协调度和耦合等级，根据计算得到的 2003~2017 年各省份旅游供需系统耦合协调度，结合供需系统耦合协调水平划分标准，将样本中 9 省份 2017 年旅游供需系统耦合协调度按不同增长方式取平均值，得到 2017 年不同增长方式下省份旅游供需系统耦合协调度平均值及耦合协调度协调度等级，如表 11 所示。

表 11　　　　　2017 年不同增长方式下省份旅游供需系统耦合协调度

增长方式	耦合协调度	耦合协调等级	发展水平
资本驱动型	0.57373	勉强协调	中级阶段
资源驱动型	0.444673	濒临失调	中级阶段
服务驱动型	0.685504	初级协调	中级阶段

资料来源：根据 2004~2018 年《中国旅游统计年鉴》《中国统计年鉴》《中国环境统计年鉴》数据计算整理得到。

从表 11 可知，2017 年不同增长方式下省份旅游供需系统耦合协调度平均值皆处于中级阶段发展水平，但耦合协调等级有所不同。2017 年资本驱动型省份旅游供需系统耦合协调度平均值为 0.57373，属于勉强协调阶段；资源驱动型省份旅游供需系统耦合协调度平均值为 0.444673，属于濒临失调阶段；服务驱动型省份旅游供需系统耦合协调度平均值为 0.685504，属于初级协调阶段。从不同增长方式下省份旅游供需系统耦合协调度平均值的耦合协调等级进一步验证了，从 2017 年不同增长方式下省份旅游供需系统耦合协调等级来看，服务驱动型省份优先于资本驱动型省份，资本驱动型省份优先于资源驱动型省份。

从截面特征来看，供需耦合视角下通过测算不同增长方式下各省份 2017 年旅游供需耦合协调度，发现不同增长方式下各省份旅游产业发展水平差距较大。2017 年服务驱动型省份的旅游供需系统耦合协调等级和发展水平优先于资本驱动型省份，资本驱动型省份的旅游供需系统耦合协调等级和发展水平优先于资源驱动型省份。

2. 时序特征比较

从图 1 中 9 省份旅游供需系统耦合协调度变化趋势线对比可以看出，服务驱动型和资本驱动型省份旅游供需系统耦合协调度变化趋势线主要处于平均值趋势线上方，样本中所有资源驱动型省份旅游供需系统耦合协调度变化趋势线皆处于平均值趋势线下方，且趋势线波动较大。为了更直观的判断不同增长方式下省份旅游供需系统耦合协调度和耦合等级的变化趋势，将 9 省份 2003~2017 年旅游供需系统耦合协调度按不同增长方式取平均值，得到 2003~2017 年不同增长方式下典型省份旅游供需系统耦合协调度平均值的变化趋势图，如图 5 所示。

从图 5 可以直观地看到，2003~2017 年不同增长方式下典型省份旅游供需系统耦合协调度平均值的变化趋势和区间分布。从区间分布来看，服务驱动型省份旅游供需系统耦合协调度平均水平整体上领先于资本驱动型和资源驱动型省份的平均水平，2003~2017 年其旅游供需系统耦合协调度平均值处于 0.6~0.7 区间，并且呈现出稳定上升趋势。

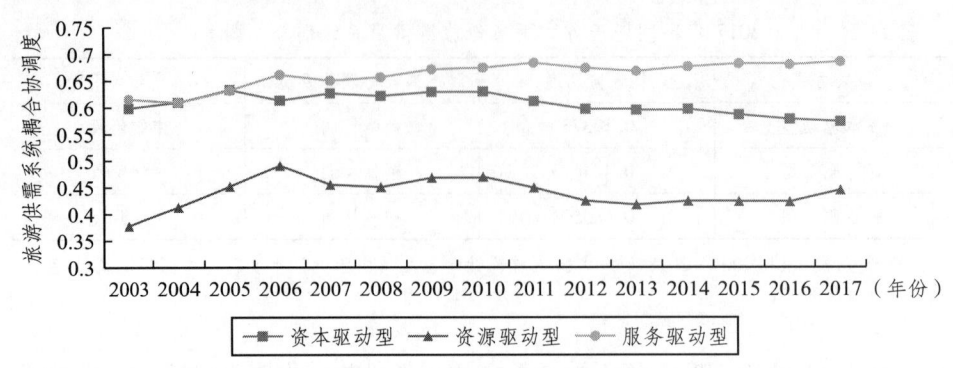

图 5　2003~2017 年不同增长方式下典型省份旅游供需系统
耦合协调度平均值的变化趋势

资料来源：根据 2004~2018 年《中国旅游统计年鉴》《中国统计年鉴》《中国环境统计年鉴》数据计算整理得到。

资本驱动型省份旅游供需系统耦合协调度平均水平从高于服务驱动型省份的平均水平，到同步发展，再到滞后于服务驱动型省份的旅游供需系统耦合协调度的平均水平。从图 5 可以看出，资本驱动型省份旅游供需系统耦合协调度的平均值从 2006 年开始，低于服务驱动型省份的平均值，并且到 2012 年跌出 0.6~0.69 区间，呈现出持续下跌趋势，与服务驱动型省份旅游供需系统耦合协调度平均值的差距不断拉大。

资源驱动型省份旅游供需系统耦合协调度平均值处于 0.5 以下，远低于资本驱动型和服务驱动型省份的平均水平，2003~2017 年资源驱动型省份旅游供需系统耦合协调度平均值处于 0.35~0.5 区间，波动幅度较大。从时序特征来看，2003 年资源驱动型省份旅游供需系统耦合协调度平均值为 0.377854，到 2006 年到达顶峰 0.490524，随后呈波动下降趋势，从 2011~2017 年一直处于 0.4~0.45 区间，从时序变化来看，资源驱动型省份旅游供需系统耦合协调度平均值呈先上升再下降的倒"U"形曲线，并保持在较低水平。

通过时序特征比较，发现 2003~2017 年不同增长方式下省份旅游供需系统耦合协调等级分化明显，发展趋势相异。第一，2003~2017 年服务驱动型和资本驱动型地区耦合协调度等级皆高于资源驱动型地区，资本驱动型地区耦合协调度等级曾高于服务驱动型地区，但被服务驱动型省份超越后，呈现出持续下跌趋势，与服务驱动型省份旅游供需系统耦合水平差距不断拉大。第二，从 2003~2017 年不同增长方式下省份旅游供需系统耦合协调度变化趋势来看，服务驱动型地区旅游供需系统耦合协调度呈现出持续上涨的趋势且增长趋势稳定；资本驱动型地区旅游供需系统耦合协调度呈现出持续下降趋势；资源驱动型地区旅游供需系统耦合协调度则呈现出倒"U"形变化，旅游供需系统耦合协调度经过几年上升后出现波动下降趋势。总体而言，从时序特征来看服务驱动型地区旅游供需系统耦合协调度更高，发展更为稳定，并呈持续上升趋势。

综上所述，通过对不同增长方式下省份旅游供需系统耦合协调度的截面特征及时序特征的比较发现，无论从地区旅游供需系统耦合协调等级来看，还是从地区旅游供需系统耦合协调度变化趋势来看，资源驱动型省份旅游产业供需系统耦合协调最低，资本驱动型省份次之，而服务驱动型省份旅游产业供需系统耦合协调最高，发展趋势也更为稳定，服务驱动型增长方式是当前旅游经济发展阶段的目标增长方式。

五、结论与展望

服务驱动型增长方式是供需协调视角下当前我国旅游经济增长方式的最优选择。旅游服务已成为我国部分地区旅游经济增长的主要驱动力，在这些地区旅游经济已呈现出服务驱动型增长方式。通过不同增长方式下的典型地区供需系统耦合协调度分析，发现服务驱动型地区旅游供需系统耦合协调度更高，更有利于促进地区旅游经济发展，缓解当前旅游产业供需不均衡、不充分的矛盾。

（1）旅游服务已成为我国部分地区旅游经济增长的主要驱动力，在这些地区旅游经济已呈现出服务驱动型增长方式。通过对我国 31 个省份旅游经济增长方式的研判，发现我国各地区旅游经济增长方式主要是资本驱动型、资源驱动型和服务驱动型 3 种类型，其中呈现资本驱动型增长方式的省份最多，有 11 个省份，其次是资源驱动型，资源驱动型增长方式的省市有 6 个，相对另两种增长方式，服务驱动型增长方式的省份相对较少，只有 4 个省份，说明资本驱动型和资源驱动型是当前我国主要的旅游经济增长方式。尽管，在我国旅游经济增长方式属服务驱动型的地区还较少，但却印证了旅游产业"脱物化"发展趋势已在我国部分地区出现，解释了当前许多旅游产品和旅游业态已不再依赖旅游自然文化资源，以及许多不依赖旅游自然文化资源的旅游产品，如会展旅游、演艺旅游、康养旅游、工业旅游等，已成为当地旅游产业发展增长点的现象。

（2）供需协调视角下，服务驱动型增长方式是当前旅游经济发展的目标增长方式。本文运用耦合协调模型，通过对不同增长方式下 9 个典型省份的旅游供需系统耦合协调度的截面特征和时序特征进行比较，发现无论从地区旅游供需系统耦合协调等级来看，还是从地区旅游供需系统耦合协调度变化趋势来看，资源驱动型省份旅游产业供需系统耦合协调最低，资本驱动型省份次之，服务驱动型省份旅游产业供需系统耦合协调最高，且发展趋势更为稳定，服务驱动型增长方式是当前旅游经济发展的目标增长方式。资源驱动型省份和资本驱动型省份其旅游经济增长都应当向服务驱动型转型，这将有利于提升地区旅游供需系统协调度,进而缓解当前旅游产业供需不均衡、不充分的矛盾。

本文尝试用服务驱动型旅游经济增长方式去解释旅游业呈现的"脱物化"趋势,并从供需协调视角去研判了这种增长方式是否符合当前旅游经济发展阶段。在目标增长方式的选择上,本文用不同增长方式下典型地区供需系统的耦合协调度的横向和纵向比较,归纳出服务驱动型增长方式是当前旅游经济发展的目标增长方式,未来在目标增长方式选择的研究上,可以尝试采用演绎法去构建目标增长方式的判断模型,使逻辑更加严谨。其次,本文判断出我国各省份旅游经济增长方式分成资本驱动型、资源驱动型、服务驱动型、资本—旅游资源共同驱动型等7种类型,并归纳出服务驱动型增长方式是当前旅游经济发展的目标增长方式,但未对如何从现有增长方式向服务驱动型增长方式转型进行研究,这也是本文未来研究的方向之一。

参考文献

[1] 曹芳东、黄震方、周玮、徐敏:《转型期城市旅游经济时空变异及其异质性模拟——以泛长三角地区为例》,载《旅游学刊》2013年第11期。

[2] 李国兵:《珠三角城市旅游收入影响因素分析——基于旅游收入的定义》,载《地域研究与开发》2019年第10期。

[3] 李建伟:《我国劳动力供求格局、技术进步与经济潜在增长率》,载《管理世界》2020年第4期。

[4] 李少华:《新技术与互联网创新推动新时代旅游产业发展》,载《旅游学刊》2018年第2期。

[5] 罗浩、颜钰荍、杨旸:《中国各省的旅游增长方式"因地制宜"吗?——中国省际旅游增长要素贡献与旅游资源比较优势研究》,载《旅游学刊》2016年第3期。

[6] 生延超、钟志平:《旅游产业与区域经济的耦合协调度研究——以湖南省为例》,载《旅游学刊》2009年第8期。

[7] 舒小林、刘东强、齐培潇、高应蓓:《中国城镇化与旅游业发展的动态关系研究——基于VAR模型的分析》,载《经济问题探索》2014年第11期。

[8] 王国新、钱莉莉、陈韬、杨晓娜、许振晓、祝炜平:《旅游环境舒适度评价及其时空分异——以杭州西湖为例》,载《生态学报》2015年第7期。

[9] 卫兴华、侯为民:《中国经济增长方式的选择与转换途径》,载《经济研究》2007年第7期。

[10] 魏小安:《新战略与新机遇》,载《旅游学刊》2021年第1期。

[11] 吴玉鸣:《旅游经济增长及其溢出效应的空间面板计量经济分析》,载《旅游学刊》2014年第2期。

[12] 杨勇:《旅游资源与旅游业发展关系研究》,载《经济与管理研究》2008年第7期。

[13] 于洪雁、王群勇、张博、刘继生:《中国旅游供需耦合协调发展的空间分异及驱动机制研究》,载《地理科学》2020年第11期。

[14] 张春晖、马耀峰、吴晶、朱环：《供需视角下西部入境旅游流与目的地耦合协调度及其时空分异研究》，载《经济地理》2013年第10期。

[15] 张辉、成英文：《中国旅游政策供需矛盾及未来重点领域》，载《旅游学刊》2015年第7期。

[16] 张薇、罗波阳、罗黎平：《基于要素分解的经济增长方式转变与增长质量测度——湖南与中部其他省份的比较分析》，载《系统工程》2014年第6期。

[17] 张琰飞、朱海英、刘芳：《旅游环境、消费习惯与低碳旅游参与意愿的关系——以武陵源自然遗产地为例》，载《旅游学刊》2013年第6期。

[18] 赵东喜：《中国省际入境旅游发展影响因素研究——基于分省面板数据分析》，载《旅游学刊》2008年第1期。

[19] 郑玉歆：《全要素生产率的测度及经济增长方式的"阶段性"规律——由东亚经济增长方式的争论谈起》，载《经济研究》1999年第5期。

[20] 周永博、沈敏、吴建、魏向东：《迈向优质旅游：全域旅游供需错配及其治理——苏州吴江案例研究》，载《旅游学刊》2018年第6期。

[21] 左冰、蔡书漫、杨艺、保继刚：《旅游产业网络拓扑结构演进与旅游经济增长：阳朔案例》，载《旅游学刊》2020年第6期。

[22] Blake, A. and Sinclair, M. T., 2006: Tourism productivity: Evidence from the United Kingdom, *Annals of Tourism Research*, Vol. 33, No. 4.

[23] Kaul, R. N., 1985: Dynamics of tourism: A trilogy, *New Delhi*: Sterling Publishers.

[24] Khadaroo, J. and Seetanah, B., 2008: The role of transport infrastructure in international tourism development: A gravity model approach, *Tourism Management*, Vol. 29, No. 5.

[25] Nordhaus, W. D., 1992: Lethal model 2: The limits to growth revisited, *Brookings Papers on Economic Activity*, Vol. 23, No. 2.

[26] Prideaux, B., 2000: The role of the transport system in destination development, *Tourism management*, Vol. 21, No. 1.

[27] Shi, H. and Russell, S., 2012: Economies of scale in the Australian tourism industry, *Applied Economics*, Vol. 44, No. 33.

[28] Smeral, E., 2009: Growth accounting for hotel and restaurant industries, *International Research Journal of Applied And Basic Sciences*, Vol. 9, No. 10.

[29] Such, M. J. S. and Zamora, M. D. M., 2015: Effects of air transportation on tourism growth: Iran as case study, *International Research Journal of Applied And Basic Sciences*, Vol. 9, No. 10.

The Choice of China's Tourism Economic Growth Mode from the Perspective of Supply and Demand Coordination

Tianying Yang   Feng Xia

Abstract: As an important component of modern economy, tourism economy, like national economy, has different growth modes and development paths in different development stages. At present, as tourists' demand for sightseeing tourism products is gradually decreasing, they pay more attention to the spiritual enjoyment brought by tourism activities. Tourism products and forms are becoming more and more diversified. There is a trend of "dematerialization" in tourism industry. The development of tourism industry is no longer limited by the natural and cultural resources of tourism, And this kind of tourism product which does not rely on tourism resources is becoming the growth point of tourism industry in some areas. How to define this growth mode and whether this growth mode is in line with the current stage of tourism economic development has important theoretical significance and practical application value. Under the framework of neoclassical economic growth theory, this paper introduces tourism service as an input factor into the tourism economic growth model, and makes an empirical analysis based on the relevant data of tourism industry of 31 provinces and cities in China from 2003 to 2017. It is concluded that there are three main types of tourism economic growth in China: capital driven, resource driven and service driven. On this basis, based on the theory of tourism supply and demand equilibrium, this paper constructs the coupling model of the optimal growth mode selection from the perspective of supply and demand coordination, selects nine typical regions, and observes the coupling coordination degree of tourism supply and demand system under different growth modes. The results show that the optimal growth mode from the perspective of supply and demand coordination should be service driven tourism economic growth mode.

KeyWords: Tourism Economic Growth Mode   Tourism Resources   Tourism Service   Supply And Demand System   Coupling And Coordination

JEL Classification: O13   O38   R15

附录：

附表1　2003~2017年各省份旅游收入及各投入要素原始数据的中位数

省份	旅游收入（万元）	资本（万元）	劳动力（人）	历史文化名城（座）	国家地质公园（家）	旅行社（家）	星级酒店（家）	旅游学校（个）
北京	6714832	8134602	2448751	1	130	905	602	61
天津	552170	651086	156238	1	3	310	100	19
河北	1040585	2898690	24787	5	1	1148	382	55
山西	819082	1384269	80641	5	7	755	272	38
内蒙古	512346	897036	60399	1	3	677	239	19
辽宁	1537458	2273593	35592	1	3	1116	421	69
吉林	378253	814732	96898	2	2	500	192	21
黑龙江	496091	841489	28139	1	1	601	236	58
上海	5124680	5723101	32632	1	5	867	291	40
江苏	3581947	4641641	101175	9	1	1805	713	115
浙江	4590043	4758631	139478	7	2	1639	828	104
安徽	1157382	1344553	161815	5	4	904	367	63
福建	1682653	1570678	55884	4	7	702	374	60
江西	881084	1050926	71452	3	7	699	311	46
山东	2984285	4222132	67615	7	4	1842	724	88
河南	996335	1498870	144672	8	5	1009	386	75
湖北	1416857	1898810	68908	5	11	931	455	70
湖南	1931847	2093379	82842	3	4	681	433	84
广东	7205404	7856460	77010	6	6	1247	967	92
广西	938897	1234852	261029	3	6	428	379	42
海南	764612	1346302	69489	1	5	272	186	20
重庆	1313717	1233059	35902	1	1	375	234	91
四川	1698702	2803515	46711	7	4	586	420	191
贵州	490154	721624	94249	2	12	253	279	34
云南	1301928	2468929	29641	5	6	531	614	156
西藏	73274	248152	81386	3	5	78	78	3
陕西	933722	1348792	8428	6	2	596	300	24
甘肃	376651	815581	54432	4	3	352	296	20

续表

省份	旅游收入（万元）	资本（万元）	劳动力（人）	历史文化名城（座）	国家地质公园（家）	旅行社（家）	星级酒店（家）	旅游学校（个）
青海	101608	249719	32652	1	4	197	105	7
宁夏	204794	294649	8741	1	4	92	57	6
新疆	631563	1247273	12196	3	1	381	366	16

资料来源：根据 2004~2018 年《中国旅游统计年鉴》《中国统计年鉴》和各类旅游资源审批部门（包括联合国教科文组织、住房与城乡建设部、国家文物局、国家林业和草原局、国土资源部、环保部）网站公布数据整理得到。

从价值转移到风险传导：全球价值链金融化的理论动态

王兴华　刘　刚[*]

摘　要：关于全球价值链的研究主要集中在生产和贸易领域，但是随着全球价值链中的主体——非金融企业的金融化和重要原材料——大宗商品的金融化，全球价值链已经从"生产链"和"贸易链"逐步发展为"金融链"。相应的，全球价值链的跨国价值转移和风险传导也逐步金融化，使发展中国家处于更加不利的地位。这一议题的研究属于全球价值链理论与金融化理论的交叉领域，其中的部分观点将在很大程度上颠覆国际经济秩序的传统认知。本文尝试梳理这一领域的相关研究，就金融化在"双循环"中引发的新业态和新风险，提供一个可供参考的理论思路。

关键词：全球价值链　金融化　价值转移　风险传导

一、引　言

在关于金融化的开创性著作中，Epstein（2006）将全球经济在过去 30 年中经历的主要变化综合为三种现象：新自由主义、经济全球化和金融化，三者彼此交融。其中后两者的交融，正在引发学术界的高度关注，并由此催生了一个全新的研究议题：全球价值链金融化。全球价值链（Gereffi，1994）[①] 的形成和扩张，是经济全球化的重要特征，涉及各个国家的设计、产品开发、生产制造、营销、交货、消费、售后等各种增值活动在全球性企业网络的组织下得到链接和整合（刘志彪，2017）。而对金融化最宽泛的理解是"金融动机、金融市场、金融行为者和金融机构在国内和国际经济运行中日益增强的作用"（Epstein，2006），其研究范围从宏观领域金融部门的扩

---

[*]　本文受山东省社会科学基金金融专项"鲁南地区大宗商品贸易融资的金融风险传导及防范研究"（15DJRJ02）资助。
　　王兴华：曲阜师范大学经济学院；地址：山东省日照市东港区烟台路 80 号，邮编 276826；E-mail：wangxinghua516@126.com。
　　刘　刚（通讯作者）：曲阜师范大学经济学院；地址：山东省日照市东港区烟台路 80 号，邮编 276826；E-mail：lgksn@126.com。

[①]　1994 年，格里菲（Gereffi）论文中使用了"全球商品链"概念描述新国际分工下生产全球化背后的驱动机制，后来被认为是"全球价值链"治理理论的源泉。

张（Foster，2007；Greenwood and Scharfstein，2013；Montecino et al.，2016），到微观领域企业战略和管理如何越来越依赖于金融逻辑（Froud et al.，2000；Krippner，2005），以及家庭和个人与金融日益复杂的联系（Martin，2002；Langley，2008），再到中观视角的商品金融化（Tang and Wei，2012；张成思，2019）。

由于金融化与全球价值链属于不同的范畴，二者的联系没有得到足够重视。从 Milberg（2008）的开创性研究开始，学者们逐渐认识到二者的密切相关及其对国际经济秩序产生的深远影响。本文通过梳理全球价值链和金融化交叉领域的文献，尝试从以下角度做出边际贡献：首先，全球价值链实现了从发展中国家到发达国家的"价值转移"，这已经被很多学者所关注。本文在此基础上进一步关注到"价值转移"的金融化用途，即从发展中国家获得的"价值转移"越来越多的用于发达国家金融市场的分配，这加深了发达国家对发展中国家的剥削和掠夺程度。其次，本文梳理了全球价值链传导金融风险的文献脉络，发现随着全球价值链中主体——主导企业的金融化和原材料——大宗商品的金融化，全球价值链对国际金融风险的传导越来越直接、迅速甚至自我加强，使得发展中国家在全球价值链中处于更加不利的地位。尤其是，资本管制下中国独特的商品金融化现象使生产、贸易领域与金融领域的界限越来越模糊，国际金融风险在国内得以自我加强。应该强调的是，识别这种通过全球价值链贸易传导，以国内外商品市场交易和金融市场融资实现自我加强的国际金融风险传导，对于构建"国内大循环为主体、国内国际双循环相互促进"的新发展格局尤其具有重要意义。

二、全球价值链形成的"价值转移"维持了发达国家的金融化

20 世纪 80～90 年代，离岸外包发展至盛行，全球价值链发展到生产全球化和"碎片化"阶段（帕劳等，2015）。主导企业（一般为发达资本主义国家所属）保留核心业务，通过离岸外包、外部采购等形式，将低端制造业、低附加值产业逐渐向发展中国家转移。Milberg（2008）在论文《利润的来源和用途转换：全球价值链对美国金融化的维持》中，通过美国在中国的价值链扩张（离岸外包），首次阐述了金融化和全球价值链的密切相关。一方面，"不是全球化生产引发了金融化，而是全球生产战略有助于维持金融化"。离岸外包带来的效率提高和成本节约增加了主导企业的利润率，使发达国家的利润来源从国内市场向国外市场转变。这种利润来源的转变从两个方面维持并推动了发达国家的金融化进程：首先，始于 20 世纪 80 年代的"股东价值革命"使这些利润并没有全部用作利润再投资，而是更多地被用于金融市场，例如股息支付和股票回购，这推动了"非金融企业金融化"（Lazonick and O'Sullivan，2000；Crotty，2003；Krippner，2005）；其次，离

岸外包中低工资国家（如中国）在蓬勃发展的出口贸易中积累了大量外汇储备，随后返回到美国用于资产投资，这种"反向资本流动"提振了美国的金融资产价值。而另一方面，金融化的经营战略增强了企业压力，要求它们专注于核心竞争力，进一步剥离其生产中竞争力较低的部分并在全球范围内重新布局生产分工网络。从而，"生产全球化和金融化之间的关系似乎是双向的"（Milberg, 2008）。

正如Milberg指出的，全球化生产、企业利润率和国际支付之间的这种联系，加剧了中国和美国之间的不平等（Milberg, 2008），具有"自由贸易"的掠夺性特征（Milberg and Winkler, 2013）。从宏观角度，"反向资本流动"就是我们所熟悉的"商品美元还流机制"（李晓，2018a），美国等货币强国通过世界货币发行和"还流机制"成为不生产任何实际产品便可满足本国消费需求的"食利经济"（Baiman, 2014）。从微观角度，主导企业将分布在世界各地的海外工厂或供应商纳入以自己为核心的统一体系之中，通过控制高端知识产权和特许权深入到企业生产过程内部实现控制（刘刚，2016），通过生产全球化下"不公平的利润分配""全球劳工套利""环境损害的欠付"等获得了全球价值链中的大部分"价值增值"（Smith, 2015; Clelland, 2014; Suwandi, 2019）。这些"价值增值"在本质上是发达国家从亚非拉发展中国家提取的非资本主义剩余价值，是一种"价值转移"（Smith, 2015）。

全球价值链的跨国"价值转移"功能已经被很多学者们所关注，但几乎没有学者对"价值转移"的金融化用途所体现的不平等性做进一步论述。Milberg（2008）的研究数据表明，在美国，计算机硬件和软件等严重依赖离岸外包的行业，是股息和股票回购最高的行业之一；Baud and Durand（2012）着眼于全球化和金融化之间的联系，探讨了在发达国家国内市场增长缓慢的背景下，零售行业通过对外扩张、资产金融化、供应商和工人地位的恶化以及营运资本管理等方式提高股东回报率。Auvray and Rabinovich（2019）发现，非金融企业金融化的典范是那些高度离岸化行业的公司，它们金融资产的比例更高，转移到金融市场的资源量更大。这些研究不仅更加明确了全球价值链和金融化之间的密切联系，而且也证实了全球价值链"价值转移"的金融化用途，即离岸企业从发展中国家获得的"价值转移"越来越多的通过股息支付、股票回购等分配给母国金融市场，实现了全球价值链中存量财富的再分配。发达国家"食利经济"的形成和金融市场越来越多的分享全球价值链中的剩余价值，更加推动和加强了发达国家对发展中国家的剥削和掠夺，这是金融化背景下全球价值链"价值转移"功能的新体现。

三、金融化造成的经济波动经由全球价值链形成跨国风险传导

发达国家主导企业和金融市场从全球价值链中分享的高额利润并非意味着其经济发展的可持续性。当金融市场不断占有剩余价值，而不是引导资本进入生产性投资和生产剩余价值，那么它还可能破坏真正的资本积累。学者们首先关注到了发达国家金融化与本国生产性投资的负相关（Stockhammer，2004；Orhangazi，2008；Davis，2017）。Milberg and Winkler（2010）进一步将离岸外包与金融化之间的联系纳入对生产性投资的负面影响中，将非金融企业金融化看作是离岸外包动态收益减少的一种制度漏洞。他们认为，金融化压力使企业增加了股息支付、股票回购、跨国并购和其他金融资产购买，而不是投资于提高生产率、增长、就业和收入的国内生产性资产，这"降低了企业在 2008 年经济危机中作为复苏驱动力的能力"。与此同时，与金融领域收入上涨形成对比，离岸外包推动了发达国家生产领域工人实际工资的下降和负债的增长（Palley，2008；Stockhammer，2012），形成了金融负债驱动的消费和住房泡沫的增长体制。货币政策主导扩张全国金融资产负债表，创造货币，成为整个经济的引擎（史正富，2018）。由次级房贷危机所引发的 2008 年金融危机被很多学者视为金融化的高潮（Lapavitsas，2009；Deutschmann，2011）。

最初预计 2007 年美国次贷危机不会对低收入国家造成影响，因为金融联系有限，通过资本账户的传导受到限制（Keane，2012）。然而从 2008 年 9 月雷曼兄弟破产到 2009 年第 1 季度"全球衰退"，美国金融危机迅速升级并席卷世界所有经济体。其中，全球生产网络下各国贸易的崩溃是经济衰退的重要原因。从供给角度，危机后首先受到冲击的是耐用消费品和投资品（消费类电子产品、汽车与运输设备、办公设备和计算机等）（Escaith，2011），这些产品的生产依赖于金融信贷而又实现了全球价值链中生产的纵向一体化，金融危机发生后的信贷紧缩和融资困难限制了生产商向国内外市场供应商品的能力；从需求角度，美国和西欧核心经济体的最终产品需求收缩通过直接和间接贸易联系两个途径对其他所有国家的贸易流动产生"杠杆效应"，从经济金融关系最为密切的北美自由贸易区和欧洲，到全球生产网络中的重要国家日本、中国、韩国等东亚国家，再到巴尔干和非洲等"超级边缘"经济体（Yi，2009；Kabir et al.，2018；Pula，2014；Nissanke，2012）。在国际货币基金组织全球数据集（GDS）数据库覆盖的 57 个国家中，只有中国、印度、印度尼西亚和巴基斯坦 4 个国家在 2009 年第 1 季度的实际国内生产总值高于 2008 年第 3 季度。Johnson（2011）使用投入产出法对美国和欧盟 15 国的需求外溢在解释贸易崩溃和全球衰退传导方面进行量化，计算结果是 2008 年 1 月至 2009 年 1 月之间最终需求的实际下降引起最终产品贸易下降

16.9%、中间产品贸易下降7.6%。其中由于中间产品贸易占全球贸易总额的2/3左右,因此中间产品对贸易总量下降的贡献在2/5以上。

尽管在以往的金融危机中,贸易渠道的金融风险国际传染路径已经被很多学者所证实(Eichengreen et al.,1996;Forbes and Rigobon,2002),但2008年危机传导更加体现在全球生产网络所形成的中间产品贸易联系上。全球价值链的纵向一体化生产有助于降低成本和提高效率,但也为不利外部冲击的传播提供了更宽更快的渠道。借用世界体系理论的代表者沃勒斯坦的"中心—外围"理论,这种危机的传导路径,可以归结为"中心国家金融市场——中心国家商品市场——外围国家商品市场",属于传统的需求驱动或成本拉动型冲击。

四、大宗商品金融化强化了全球价值链的金融风险传导

大宗商品是全球价值链中的重要原材料。2002年以来,大量国际金融投资者进入衍生市场"虚拟"持有大宗商品以分散投资组合风险。Tang and Wei(2012)在《指数投资和商品金融化》这一"大宗商品金融化"的开篇文献中指出,随着大宗商品指数投资的快速增长,各种大宗商品之间价格波动具有同步性,这反映了大宗商品市场的一个金融化过程。并且指出,这种金融化进程的结果是单个商品的价格不再完全由其供求关系决定,还取决于金融资产的总风险偏好和各种商品指数投资者的投资行为。其他学者进一步证实了大宗商品金融化之后的价格波动性增强(Cheng and Xiong,2014;Cheng et al.,2015;Basak and Pavlova,2016;张成思等,2014)。

具体按时间来看,2003~2007年,反映大宗商品现货价格的CRB指数一路上涨,不仅是受到中国等新兴经济体的需求拉动,而且与发达国家互联网泡沫破裂、宽松的货币政策以及金融投资者大量涌入大宗商品衍生品市场产生的价格泡沫有关(Domanski and Heath,2007;卢峰,2009)。这一上涨趋势在2007~2008年加速,是因为金融危机爆发初期,投资者从股票和债券市场以及住房抵押贷款市场向大宗商品衍生市场大规模转移。从2008年第4季度开始,衍生市场流动性的减少加重了大宗商品现货价格全线下跌(Nissanke,2012)。随后在全球主要经济体相继注入的流动性推动下,大宗商品价格在2011年4月创出历史高位,但随着全球经济放缓和全球流动性预期的逆转,以及国际投资银行从大宗商品市场的陆续退出,大宗商品价格持续回跌,尤其是2014年上半年大宗商品CRB指数暴跌40%。

从宏观角度,金融化的大宗商品价格一路上涨,随后大幅逆转,是发达国家经济和金融活动急剧放缓通过全球价值链给其他经济体的一个重要传导。大宗商品价格的持续上涨时给初级商品出口国带来非常强劲的增长势头,但也助长了这些国家经济结构的单一性和增长的不可持续性(Van der

Ploeg，2011），使这些国家的经济和金融在 2012 年以来尤其是 2014 年的大宗商品价格暴跌中高度脆弱。例如，根据国际货币基金组织统计，29 个商品生产国中有 19 个国家的财政赤字率在 2014 年和 2015 年内迅速提高，其中利比亚（54%）、委内瑞拉（17%）、沙特阿拉伯（10%）和巴西（8%）；多个国家的政府债务率超过国际警戒线 60%，其中利比亚和安哥拉的政府债务率分别从 2009 年的 1.9% 和 22.7% 上涨到 2015 年的 65% 和 62%；俄罗斯、阿根廷、安哥拉等多个大宗商品生产国的货币汇率普遍出现剧烈贬值，幅度都在 30% 以上（唐俊杰、孙明春，2016）。

从微观角度，由于全球价值链中各参与主体实力和地位的不平等，发展中国家可能会承担更多的价格波动风险。Keane（2012）使用全球价值链方法追踪了全球金融危机对非洲和亚洲不同国家低收入生产者传导的贸易渠道。她认为，商品市场的金融化使发展中国家更加难以管理其资源部门以实现经济可持续发展，例如面对日益复杂的交易和对领先企业的交易依赖，乌干达的咖啡价值链更像是一个俘虏价值链。Staritz et al.（2018）以棉花为例评估了商品金融化和企业金融化如何通过全球商品链和国内市场结构影响低收入国家的商品生产。他们认为，金融化给棉花贸易链的参与者带来了机遇和挑战，其中大型的金融化的国际贸易商不仅有能力通过衍生市场交易对冲商品市场价格波动的风险，而且还能将其经营业务更多地转向风险管理和金融活动，并影响商品链沿线的价格，扩大盈利；而生产国的本地参与者和小型国际贸易商在价格不稳定和短期主义的环境中面临更大的挑战。

可见，全球价值链和商品金融化背景下，即使发展中国家的金融市场并未开放，发达国家的宏观经济问题及金融市场风险也会转变为国际大宗商品市场价格的过度波动，传导给全球价值链的各个参与主体。正如 Nissanke（2012）指出的那样，"金融市场和大宗商品市场相互作用的增强成为全球金融危机向发展中国家的快速传播渠道"，以初级商品出口为主的低收入国家以及全球价值链中的其他参与国，"成为全球金融市场的事实参与者"。这种"中心国家金融市场——外围国家商品市场"的传播无须经过商品市场的需求反馈或者成本拉动，传导环节更加直接和迅速。

五、"新型商品金融化"放大了国际金融风险传导对中国的金融冲击

在全球价值链中，中国制造业是不发达国家的原材料产业和西方发达国家的创新产业及高端服务业的中介性"枢纽"（施展，2020），因此中国经济受大宗商品市场价格波动的影响显著。在商品市场上，当大宗商品价格暴跌时，中国可以享受到一定的价格红利；但在金融市场上，却陆续出现了与大宗商品金融化有关的金融风险积聚，爆发了 2012 年上海钢贸案和温州

"担保圈危机"、2014年青岛港融资骗贷等典型事件，其后续的连锁反应对于区域金融安全和实体经济的负面影响远大于在商品市场上所享受到的价格红利。

这场金融风险的积聚从2008年国际金融危机开始。中国应对危机的"四万亿"经济刺激政策导致大量流动性进入金融体系，快速增长的影子银行的渠道之一就是大宗商品担保融资（Tang and Zhu, 2016; Engel, 2020）。尤其是2011年央行开始收缩银根，越来越多的实体企业以及金融投机者利用商业银行的"国际贸易融资"业务，以进口大宗商品（主要以铜、铁矿石、大豆和棕榈油、黄金等）为担保，通过滚动、循环办理大宗商品进口远期信用证融资或仓单质押融资，获得国内外低息融资和人民币升值等多方面套利，并实现资金的短款长用，用于国内高涨的房地产、矿山投资、证券、民间借贷，获得比投资于实体经济更高的利润；甚至出现大量虚构贸易背景、仓单重复质押的"虚假贸易融资"（张洁、李楠，2014）。在国内消费不旺、国内外价格倒挂的情况下，出现海关统计中各类大宗商品进口激增的怪象即是受"融资性贸易"的影响。高盛大宗商品研究公司估计，2014年大概有1090亿元外汇贷款是以大宗商品为质押获取的，占中国短期资本阶段的31%和全部借贷的14%。

在以上贸易融资过程中，大宗商品一方面作为一种普通商品被贸易，另一方面作为一种资产用于金融市场的融资担保；贸易是手段，而融资才是真正的目的。这是中国资本管制和以银行为主导的融资渠道不足、商品市场的特定部分替代或补充金融市场的部分职能而产生的一种非预期后果（Tang and Zhu, 2016; 张成思，2019）。这种"商品交易中金融目的的渗透"正符合Krippner（2005）对金融化的描述"企业的利润积累越来越多的通过金融渠道而不是商品生产和贸易渠道获得"，由此形成金融化积累模式。从2008年到2014年，融资规模的扩大和大宗商品价格的上涨推动金融资产的膨胀，泡沫不断累积。2014年3月上海债券市场上"朝日债务违约"事件和6月"青岛港仓单重复质押"曝光之后，两次引发伦敦金属交易所（LME）价格在短期内震荡下跌，均说明国际市场对大宗商品作为中国金融市场套利工具的觉察。2014年上半年国际大宗商品价格暴跌引发资产价格的大幅下降，商业银行顺周期操作大量抽贷断贷，滚动、循环办理担保融资的惯性（郑尊信等，2016）以及融资款项的短贷长用很容易使企业资金链断裂而倒闭，在区域内企业间"连环担保圈"的传播下，形成了多米诺骨牌效应，区域金融安全和实体经济发展受到很大的影响（李岩柏、王学伦，2017）。

国内外学者们对中国这场金融风险的关注，主要停留在对贸易融资个案、表象的分析和总结，尤其注重从实践角度对银行的个体风险管理提出对策，也有少数学者将其上升到理论高度作了进一步研究。如郑尊信等（2018）首次将贸易融资套利看作是中国商品金融化的独特模式，认为宏观货币因素是中国商品金融化的主要动因,商品金融化也会反过来干扰货币政策制定、执行与效果。进一步地,他从金融化因素与货币政策之间相互影响的视角,引入库存和金融化因素建立动态一般均衡模型,讨论货币政策、商品金融化和物价波动之间的作用机制及其政策启示(郑尊信等,2018)。Tang and Zhu(2016)通过理论和实证分析说明,以大宗商品为担保品的融资套利活动导致大宗商品价格在经济基本面之外受到融资需求的影响;套利收益越大,融资需求越大,大宗商品现货价格就越上涨。张成思(2019)对中国"普通商品金融化"的论述也对我们的研究有一定启示,他认为,以往学界所关注的商品金融化属于"大宗商品证券化"(commodity securitization),本质上是金融市场交易行为,交易标的物是金融产品(如期货指数);而中国出现的葱、姜、蒜等普通商品价格大幅波动是"普通商品金融化"(goods financialization),是商品市场的金融化现象,标的物是普通商品而不是金融产品。不过,他并没有关注到大宗商品贸易融资套利这种新型商品金融化。

2008年之后中国的金融风险积聚,也是伴随着国际大宗商品价格一路上涨和突然逆转而产生的,它勾勒出一种新型的风险传导路径:国际(尤其是发达国家)各种金融市场波动直接导致大宗商品价格过度波动;国内特定的宏观经济环境和金融体制下催生贸易融资套利这种新型的商品金融化,"实物资产价格波动、银行信用扩张与收缩、金融资产泡沫膨胀和破灭"三者之间互相反馈、循环累积,国际金融风险不仅实现了传导,还实现了在国内的自我加强。"中心国家金融市场——外围国家金融市场"这种两端金融市场、中间价值链贸易传播的国际金融风险传导并自我强化的路径得以构建。

六、结论与启示:防范国际金融风险传导,保障"双循环"的金融安全

在梳理全球价值链和金融化交叉领域文献的基础上,本文发现,全球价值链已经不仅仅是一个生产链和贸易链,而且成为维持发达国家金融化进程、实现国际金融风险传导的"金融链",使金融市场尚未放开的发展中国家也暴露在国际金融风险传导的范围之内。尤其是,在发展中国家金融体制不健全和商品金融化的背景下,国际金融风险传导甚至会出现在国内商品经济循环中自我加强的情况。传统的金融监管思想是,相较发达国家而言,发展中国家与全球金融中心的融合程度较低,不易受到金融风险的影响;金融体制不健全的发展中国家也一般通过限制资本账户项下的资金往来来保护本国的金融市场,对经常项目项下的资本往来(主要是贸易资金往来)一般不加限制。然而,中国金融风险在国内的积聚就是因为大规模资本流动无法通过资本项目进行、转而通过大宗商品贸易在经常项目项下实现的。这提示我

们，资本和金融管制能够挤压催使经常项目承受更大的金融风险传导压力；而资本和金融管制的内生反应可能会导致市场的意外扭曲，进而强化这种金融风险在国内的自我加强。

与此同时，发达国家也越来越意识到，尽管他们主导了全球价值链的深度演进，获利最多，但也带来其国内产业空心化、制造业衰落、贫富差距扩大、失业率增长等经济和社会问题。2008年金融危机之后，全球化进程一定程度上分裂，美欧等工业化国家纷纷制定高端制造业发展战略，以期提高自身制造业的国际竞争力水平（张二震、戴翔，2020）。新冠肺炎疫情在全球的肆虐，更使发达国家寻求经济全球化与经济自主性之间新的平衡，推动制造业的"两个转移"，即高端制造业回流本土和中低端制造业向东南亚等国家转移（郑健雄、方兴起，2020）。随着中国制造业逐步向全球价值链中高端迈进，美国甚至挑起中美贸易争战、科技战，企图遏制中国的发展。李晓（2018b）认为，作为全球价值链中的最主要的"贸易国家"，中国既是经济全球化的主要受益者，也一定会是全球化分裂成本或风险的主要承担者。

历史大变局下，中国提出要逐步构建"国内大循环为主体、国内国际双循环相互促进"的新发展格局，标志着实行三十多年的"国际大循环经济发展战略"（王建，1988）被替代。金融如何服务"双循环"、推进金融和实体经济的良性循环也成为一个新的议题。从与本文相关的角度，金融化和全球价值链、国内产业链的交叉，将加剧各类宏观经济政策、金融监管政策平衡的难度。首先，在今后一段时间，国内循环中可预见的宽松货币政策会带来较为充裕的市场资金，其中相当部分会流入影子银行、信用中介，成为企业金融化和商品金融化的重要推手。要关注生产和流通领域潜在的金融风险积聚，关注宽松的货币政策是否引致了商品资产化和杠杆化现象、是否引致了商品市场交易行为模式和市场形态以及市场结构等方面的变化，防止金融以"服务实体经济""服务产业链"为名、以"套利为实"进行资金虚转和空转。还需吸收2008年教训，提前考虑大规模刺激政策将来如何退出，防范货币政策转向后潜在的系统性金融风险（郑尊信等，2018）。其次，从国际上看，中国企业复工复产的全球领先、加之世界主要经济体的量化货币政策，大量跨境资金可能流入国内。而中国在货币和资本市场的从属地位意味着很大一部分资金流入目的是追求短期金融收益而不是承担生产性风险。这要求我国升级监管工具，防范国内外循环打通后的非法套利行为和金融波动风险。尤其是，在我国资本账户通道受限的情况下，要关注经常项目项下贸易的异常变化，防止金融风险通过国际循环渠道的金融化操作进入国内。

参 考 文 献

[1] 克里斯蒂安·帕劳、王兴华、任洲鸿、刘刚：《资本的国际化和社会资本循环》，载

《政治经济学报》2015 年第 12 期。
[2] 李晓：《美元体系的金融逻辑与权力——中美贸易争端的货币金融背景及其思考》，载《国际经济评论》2018 年第 6 期。
[3] 李晓：《全球化分裂：成因、未来及对策》，载《世界经济研究》2018 年第 3 期。
[4] 李岩柏、王学伦：《区域性金融风险的积聚传导与防范控制——基于 R 市的实证研究》，载《金融发展评论》2017 年第 12 期。
[5] 刘刚：《从"资本一般"到"竞争一般"和"价值链竞争"——当代马克思主义竞争学说的哲学思考》，载《齐鲁学刊》2016 年第 1 期。
[6] 刘志彪：《全球价值链：诠释全球经济增长新机制》，载中国社会科学网，2017 年 9 月 10 日。
[7] 卢锋、李元芳、刘鎏：《国际商品价格波动与中国因素——我国开放经济成长面临新问题》，载《金融研究》2009 年第 10 期。
[8] 施展：《溢出：中国制造未来史》，中信出版社 2020 年版。
[9] 史正富：《现代经济学的危机与政治经济学的复兴》，载《东方学刊》2018 年第 1 期。
[10] 唐俊杰、孙明春：《大宗商品市场失衡会否再次引发金融市场动荡？》，载《新金融评论》2016 年第 5 期。
[11] 王建：《选择正确的长期发展战略——关于"国际大循环"经济发展战略的构想》，经济日报，1988 年 1 月 5 日。
[12] 张成思、刘泽豪、罗煜：《中国商品金融化分层与通货膨胀驱动机制》，载《经济研究》2014 年第 1 期。
[13] 张成思：《金融化的逻辑与反思》，载《经济研究》2019 年第 11 期。
[14] 张二震、戴翔：《疫情冲击下全球价值链重构及中国对策》，载《南通大学学报·社会科学版》2020 年第 5 期。
[15] 张洁、李楠：《浅析虚假贸易融资对实体经济外贸的影响及对策》，载《吉林金融研究》2014 年第 9 期。
[16] 郑健雄、方兴起：《新冠疫情影响下全球产业链重构与中国应对》，载《华南师范大学学报（社会科学版）》2020 年第 5 期。
[17] 郑尊信、倪英照、朱福敏、徐晓光：《货币冲击、贸易融资套利与中国商品金融化》，载《管理世界》2018 年第 6 期。
[18] 郑尊信、王琪、徐晓光：《贸易融资套利、商品价格变动及货币政策效应》，载《经济研究》2016 年第 1 期。
[19] Auvray, T. and Rabinovich, J., 2019: The Financialisation – Offshoring Nexus and the Capital Accumulation of U. S. Nonfinancial Firms, *Cambridge Journal of Economics*, Vol. 43, No. 5.
[20] Baiman, R., 2014: Unequal Exchange and the Rentier Economy, *Review of Radical Political Economics*, Vol. 46, No. 4.
[21] Basak, S. and Pavlova, A., 2016: A Model of Financialization of Commodities, *Journal of Finance*, Vol. 71, No. 4.
[22] Baud, C. and Durand, C., 2012: Financialization, Globalization and the Making of Profits by Leading Retailers, *Socio – Economic Review*, Vol. 10, No. 2.

[23] Cheng, I. H. and Xiong, W., 2014: Financialization of Commodity Markets, *Annual Review of Financial Economics*, Vol. 6, No. 1.

[24] Cheng, I. H., Kirilenko, A., and Xiong, W., 2015: Convective Risk Flows in Commodity Futures Markets, *Review of Finance*, Vol. 19, No. 5.

[25] Clelland, D. A., 2014: The Core of the Apple: Dark Value and Degrees of Monopoly in Global Commodity Chains, *American Sociological Association*, Vol. 20, No. 1.

[26] Crotty, J., 2003: The Neoliberal Paradox: The Impact of Destructive Product Market Competition and "Modern" Financial Markets on Nonfinancial Corporation Performance in the Neoliberal Era, *Review of Radical Political Economics*, Vol. 35, No. 3.

[27] Davis, L. E., 2017: Financialization and Investment: a Survey of the Empirical Literature, *Journal of Economic Surveys*, Vol. 31, No. 5.

[28] Deutschmann, C., 2011: Limits to Financialization, *European Journal of Sociology*, Vol. 52, No. 3.

[29] Domanski, D. and Heath, A., 2007: Financial Investors and Commodity Markets, *Social Science Electronic Publishing*, Vol. 72, No. 4.

[30] Eichengreen, B., Rose, A. K., and Wyplosz, C., 1996: Contagious Currency Crises: First Tests, *Scandinavian Journal of Economics*, Vol. 98, No. 4.

[31] Engel, J., 2020: Regulation, Financialization and Fraud in Chinese Commodity Markets after the Global Financial Crisis, *Regional Studies*, Vol. 54, No. 2.

[32] Epstein, G. A., 2006: *Financialization and the World Economy*, Northampton: Edward Elgar Publishing.

[33] Escaith, H., 2011: Trade Collapse, Trade Relapse and Global Production Networks: Supply Chains in the Great Recession (revised), *MPRA Paper*, 31864.

[34] Forbes, K. J. and Rigobon, R., 2002: Only Interdependence: Measuring Stock Markets Co-movements, *Journal of Finance*, Vol. 57, No. 5.

[35] Foster, J., 2007: The Financialization of Capitalism, *Monthly Review*, Vol. 58, No. 11.

[36] Froud, J., Haslam, C., Johal, S., and Williams, K., 2000: Shareholder value and Financialization: Consultancy Promises, Management Moves, *Economy and Society*, Vol. 29, No. 1.

[37] Gereffi, G., 1994: The Organization of Buyer-Driven Global Commodity Chains: How US Retailers Shape Overseas Production Networks, in Gereffi, G. and Korzeniewicz, M. (eds.), *Commodity Chains and Global Capitalism*, Westpord: Praeger Publishers.

[38] Greenwood, R. and Scharfstein, D., 2013: The Growth of Finance, *Journal of Economic Perspectives*, Vol. 27, No. 2.

[39] Johnson, R. C., Yi, K. M., and Bems, R., 2011: Vertical Linkages and the Collapse of Global Trade, *American Economic Review*, Vol. 101, No. 3.

[40] Kabir, S., Bloch, H., and Salim, R. A., 2018: Global Financial Crisis and Southeast Asian Trade Performance: Empirical Evidence, *Review of Urban and Regional Development Studies*, Vol. 30, No. 2.

[41] Keane, J. A., 2012: The Governance of Global Value Chains and the Effects of the Global Financial Crisis Transmitted to Producers in Africa and Asia, *Journal of Develop-*

ment Studies, Vol. 48, No. 6.

[42] Krippner, G. R., 2005: The Financialization of the American Economy, *Socio-Economic Review*, Vol. 3, No. 2.

[43] Langley, P., 2008: *The Everyday Life of Global Finance*, Oxford: Oxford University Press.

[44] Lapavitsas, C., 2009: Financialised Capitalism: Crisis and Financial Expropriation, *Historical Materialism*, Vol. 17, No. 2.

[45] Lazonick, W. and O'Sullivan, M., 2000: Maximizing Shareholder Value: a New Ideology for Corporate Governance, *Economy and Society*, Vol. 29, No. 1.

[46] Martin, R., 2002: *Financialization of Daily Life*, Philadelphia: Temple University Press.

[47] Milberg, W. and Winkler, D., 2010: Financialisation and the Dynamics of Offshoring in the USA, *Cambridge Journal of Economics*, Vol. 34, No. 2.

[48] Milberg, W. and Winkler, D., 2013: *Global Value Chains in Capitalist Development*, Cambridge: Cambridge University Press.

[49] Milberg, W., 2008: Shifting Sources and Uses of Profits: Sustaining US Financialization with Global Value Chains, *Economy and Society*, Vol. 37, No. 3.

[50] Montecino, J., Levina, I., and Epstein, G., 2016: Long-Term Trends in Intra-Financial Sector Lending in the U. S. 1950-2012, *Eastern Economic Journal*, Vol. 42, No. 4.

[51] Nissanke, M., 2012: Commodity Market Linkages in the Global Financial Crisis: Excess Volatility and Development Impacts, *Journal of Development Studies*, Vol. 48, No. 6.

[52] Orhangazi, O., 2008: *Financialization and the US economy*, MA: Edward Elgar.

[53] Palley, T. I., 2008: The Economics of Outsourcing-How Should Policy Respond?, *Review of Social Economy*, Vol. 66, No. 3.

[54] Pula, B., 2014: Effects of the European Financial and Economic Crisis in Kosovo and the Balkans: Modes of Integration and Transmission Belts of Crisis in the "Super-periphery", *East European Politics*, Vol. 30, No. 4.

[55] Smith, J., 2015: Imperialism in the Twenty-First Century, *Monthly Review*, Vol. 67, No. 3.

[56] Staritz, C., Newman, S., Tröster, B., and Plank, L., 2018: Financialization and Global Commodity Chains: Distributional Implications for Cotton in Sub-Saharan Africa, *Development and Change*, Vol. 49, No. 3.

[57] Stockhammer, E., 2004: Financialization and the Slowdown of Accumulation, *Cambridge Journal of Economics*, Vol. 28, No. 5.

[58] Stockhammer, E., 2012: Financialization, Income Distribution and the Crisis, *Investigación Económica*, Vol. 71, No. 279.

[59] Suwandi, I., 2019: *Value Chains: The New Economic Imperialism*, New York: Monthly Review Press.

[60] Tang, K. and Wei, X., 2012: Index Investment and the Financialization of Commodi-

ties, *Financial Analysts Journal*, Vol. 68, No. 6.
［61］ Tang, K. and Zhu, H., 2016: Commodities as Collateral, *The Review of Financial Studies*, Vol. 29, No. 8.
［62］ Van der Ploeg, F., 2011: Natural Resources: Curse or Blessing?, *Journal of Economic Literature*, Vol. 49, No. 2.
［63］ Yi, K. M., 2009: The Collapse of Global Trade: The Role of Vertical Specialisation, in Baldwin, R. and Evenett, S. (eds.), *The Collapse of Global Trade, Murky Protectionism, and the Crisis*, A VoxEU. org Book.

From Value Transfer to Risk Transmission: Theoretical Researches on Financialization of Global Value Chain

Xinghua Wang   Gang Liu

Abstract: Researches on global value chain mainly focus on fields of production and trade. However, with the financialization of non-financial enterprises and the financialization of commodities, global value chain has gradually developed from "production chain" and "trade chain" to "financial chain". Accordingly, the transnational value transfer and risk transmission of global value chain are gradually financialized, which makes developing countries in a more disadvantageous position. The researches on this topic belong to the cross field of global value chain theory and financialization theory, and some of the viewpoints will subvert the traditional cognition of international economic order to some extent. This paper attempts to sort out the relevant researches in this field, and to provide a theoretical thinking for reference on the new business forms and new risks caused by financialization in the "double cycle".

KeyWords: Global Value Chain   Financialization   Value Transfer   Risk Transmission
JEL Classification: F42   G15

技能偏向型技术进步对技能溢价的影响
——基于异质性劳动力流动视角

李朝婷　刘国亮　李　佳[*]

摘　要：本文探究技能偏向型技术进步在异质性劳动力流动的条件下对技能溢价的影响。理论分析发现，技能偏向型技术进步提升高、低技能劳动力的相对生产率，直接增加技能溢价；技能偏向型技术进步增加高技能劳动力供给，通过提高劳动力技能结构，间接降低技能溢价；技能偏向型技术进步增加地区高、低技能劳动力流入，劳动力流入总量提升高、低技能劳动力的相对生产率，并且对劳动力技能结构有负向作用，间接增加技能溢价。运用1987~2018年省级面板数据和CGSS2010-2017年数据进行实证检验发现，技能偏向型技术进步对高技能劳动力工资的提高大于对低技能劳动力工资的提高，直接增加技能溢价；技能偏向型技术进步提高当地劳动力技能结构，其降低高技能劳动力工资，提高低技能劳动力工资，间接降低技能溢价；技能偏向型技术进步增加地区劳动力流入，其对高技能劳动力工资的提高大于对低技能劳动力工资的提高，间接增加技能溢价。

关键词：技能偏向型技术进步　异质性劳动力流动　技能溢价

一、引　言

中国自改革开放以来，经济增长迅速，人民生活水平不断提高，但同时也伴随着收入不平等逐渐加剧的问题。全国居民人均可支配收入基尼系数从1988年的0.382（李实等，1998）上升到2008年的0.491，之后虽有所下降，但依然保持在0.46之上[①]。收入不平等扩大的一个重要原因是劳动力市场技能溢价的上升，即高技能与低技能劳动力之间的工资差距扩大（卢晶亮，2017，2018；刘贯春等，2017；郭凯明等，2017，2020）。技能溢价的变化是由高、低技能劳动力的相对生产率和技能结构共同决定的。中国劳动

---

[*] 李朝婷：山东大学经济学院；地址：山东省济南市山大南路27号，邮编250100；E-mail：lict11@163.com。
　刘国亮：山东大学经济学院；地址：山东省济南市山大南路27号，邮编250100；E-mail：glliu@sdu.edu.cn。
　李佳：山东大学经济学院；地址：山东省济南市山大南路27号，邮编250100；E-mail：lijia_student@126.com。

[①] 数据来源：《中国住户调查年鉴》。

力市场的技能溢价上升过程伴随着近四十年的工业化、结构转型以及逐渐增加的对外开放,这些社会变革的显著特点之一是社会生产经历着快速的技术进步和产品创新。中国的技术进步呈现技能偏向性,技术进步对高、低技能劳动力相对边际产出的提高增加了企业对高技能劳动力的相对需求,提升了技能溢价(徐舒,2010;宋冬林等,2010;杨飞,2017;董直庆等,2014)。

然而在技能偏向型技术进步作用于技能溢价的过程中,另一个不可忽略的因素是改革开放以后的大规模劳动力流动。数据显示,1995~2000年、2005~2010年流动人口规模增长最为迅速,5年间分别增长6700万元和6500万元左右(呼倩、黄桂田,2009)。2017年流动人口达2.44亿人,占总人口的17.6%,其中,跨省流动占总流动人口的60%(国家统计局)。与此同时,高技能劳动力的流动性在增加,2010年流动人口中受教育程度在大专及以上的比例为6.55%,2016年该比例上升到15.99%[①],东部沿海城市近年的"用工荒"以及高技能人才集聚到北京、上海、深圳等城市是这一趋势的具体表现。当一个地区受到技能偏向性的技术进步冲击时,该地区劳动力工资水平上涨,地区间工资差距上升,导致不同技能劳动力流入本地,对本地高、低技能劳动力的相对生产率和劳动力技能结构产生影响,进一步改变本地高、低技能劳动力之间的工资差距。由此,本文从异质性劳动力流动的视角,分析技能偏向型技术进步对技能溢价的影响机制,并利用中介效应模型进行实证检验。在中国逐步转化为以创新驱动为主要增长动力的经济模式下,研究技术进步对技能溢价的形成机制,分析可能采取的抑制其对收入不平等贡献加剧的政策,对维护中国经济快速稳定增长有重要意义。

二、文献综述

劳动力市场的技能溢价上升问题不仅存在于中国,在西方国家也受到广泛关注。技能偏向型技术进步理论被用来解释美国1970年以后技能溢价的上升和一些发展中国家收入不平等上升的现象(Katz and Murphy,1992;Acemolgu,1998;Kijima,2006;Zeira,2007)。研究认为,发达国家1970年以后的技术进步呈现技能偏向性,即技术进步增加了高、低技能劳动力的边际产出之比,引发对高技能劳动力相对需求的增加,扩大了高、低技能劳动力之间的工资差距。高技能劳动力供给增加形成的市场规模效应大于价格效应,是技术进步偏向高技能劳动力的原因之一(Acemolgu,2001)。此外,国际贸易也可能通过不同的途径使得技术进步偏向高技能劳动力。首先,增加的国际贸易提高技能密集型产品的相对价格,使得研发此类技术获得更多利润,增加了生产技能密集型产品的技术需求,技术进步逐渐偏向技能劳动

[①] 数据来源:作者依据《全国流动人口动态监测调查》2010年和2016年数据计算得出。

力（Acemolgu，2003）；其次，由于全球化导致的技术模仿威胁，发达国家公司为应对此类模仿行为而选择创新的方向偏向技能劳动密集的技术，这是技能偏向型技术进步形成的另一路径（Thoenig and Verdier，2003）。技能偏向型技术进步可以解释为资本和技能互补，反映在资本存量的不断增加。由于资本与高技能劳动力的互补性强于其与低技能劳动力的互补性，资本存量的增加使得高技能劳动力边际产出的提高大于低技能劳动力边际产出的提高，进而扩大高技能与低技能劳动力之间的工资差距（Goldin and Katz，1998；Krusell，2000；卢晶亮，2017）。国际贸易会通过影响设备资本的积累而增加技能溢价（Parro，2013），技能偏向型技术进步也会通过对工会的影响（Acemolgu，2001；Dinlersoz and Greenwood，2016）、与市场化的相互作用，以及劳动力流动来影响收入不平等（杨飞，2017；陈勇、柏喆，2018；Hornbeck and Moretti，2018）。

由于技能偏向型技术进步理论不能解释美国低技能工人经历的实际工资下降，也不能分析收入分布的极化现象，基于工作任务（Task-based）的分析框架被提出，有研究通过分析技术、技能和任务之间的交互作用，从职业内容出发，提供更为细致的技术进步影响劳动力市场的分析框架（Autor et al.，2003；Acemoglu and Autor，2011）。实证研究发现，信息技术导致的计算机化增加了对非常规任务的需求，提高了从事非常规任务的高技能劳动力的工资水平，计算机替代了从事常规工作的中等技能劳动者，而对从事手动工作的低技能劳动力影响较小，劳动力市场产生极化现象（Van Reenen，2011）。随着工人所从事的职业包含的抽象任务增加，从事非常规任务工人的工资会增加，而工人所从事的职业包含的常规任务增加，工资会降低（Ross，2017；Atalay et al.，2018）。

综合上述分析发现，现有研究从不同的理论框架和研究视角分析了技术进步带来技能溢价的原因。在中国独特的发展背景下，改革开放以后大规模劳动力流动，包括跨省的农民工流动和受高等教育的劳动力集聚大城市等，伴随着技能偏向型技术进步而发生，进一步对技能溢价产生影响。然而，鲜有文献从不同技能劳动力流动的视角分析技能偏向型技术进步对技能溢价的影响机制。因此，本文基于被广泛使用的技能偏向型技术进步理论分析技能溢价，从以下两个方面对现有文献进行补充，首先，在异质性劳动力条件下对Moretti（2011）的空间均衡模型在异质性劳动力条件下进行拓展，构建理论模型分析技能偏向型技术进步在异质性劳动力流动条件下对技能溢价的影响机制；其次，在实证研究方面，不仅用宏观数据做中介效应检验，并且通过微观数据对技能偏向型技术进步影响技能溢价的机制进行了深入探究。文章剩余部分的结构安排如下，第三部分为理论模型，第四部分为实证模型和数据说明，第五部分为实证结果和分析，第六部分是微观数据机制检验，第七部分为结论。

三、理论模型

当一个地区经历技能偏向型技术冲击时，该地区高、低技能劳动力的名义工资均上涨，其他地区的劳动力在效用最大化的条件下流动到该地区。技能偏向型技术进步对该地区技能溢价的影响分为两部分，第一部分是对工资的直接影响，技能偏向型技术进步直接增加高、低技能劳动力相对生产率而影响技能溢价，第二部分是间接作用，技能偏向型技术进步通过增加高技能劳动力供给，作用于劳动力技能结构，间接影响技能溢价；劳动力流入总量通过改变高、低技能劳动力的相对生产率和劳动力技能结构间接影响技能溢价。

（一）生产

地区 c 使用中间产品 X_{Hc} 和 X_{Lc} 生产最终产品 Y_c，中间产品 X_{Hc} 和 X_{Lc} 分别使用高技能劳动力 H 和低技能劳动力 L 进行生产（Aghion, 2002），地区 c 最终产品的生产函数为

$$Y_c = X_{HC} + X_{Lc} \tag{1}$$

假设中间产品的生产函数为 Cobb–Douglas 生产函数：

$$X_{Hc} = A_{Hc} l_{Hc}^{\alpha} \quad X_{Lc} = A_{Lc} l_{Lc}^{\alpha}, \quad \alpha \in (0, 1) \tag{2}$$

其中，A_{Hc} 和 A_{Lc} 分别表示地区 c 高技能劳动力 H 和低技能劳动力 L 生产中间产品 X_{Hc} 和 X_{Lc} 的生产率，l_{Hc} 和 l_{Lc} 分别表示 c 地区被雇用的高技能和低技能劳动力的数量。由于存在集聚效应，设定生产率为劳动数量的函数，由于高技能劳动力集聚增加创新，而低技能劳动力集聚对创新的作用很小，所以本文假定低技能劳动力的集聚效应为零：

$$A_{Hc} = B_{Hc} l_{Hc}^{\gamma_H} \quad A_{Lc} = B_{Lc} l_{Lc}^{\gamma_L}, \quad \gamma_H > 0, \quad \gamma_L = 0 \tag{3}$$

对给定生产率水平 A_{jc}，$j \in (H, L)$，部门 j 的雇用决策要使得式（4）最大化：

$$\max \{ A_{jc} l_{jc}^{\alpha} - W_{jc} l_{jc} \} \tag{4}$$

所以，j 类型劳动力工资的对数为：

$$w_{jc} = \ln B_{jc} + \ln(\alpha + \gamma_j) + (\alpha + \gamma_j - 1) N_{jc}, \quad \alpha + \gamma_j < 1 \tag{5}$$

N_{jc} 为地区 c 的类型为 j 的劳动力数量的对数。

（二）劳动力市场

参考 Moretti（2011）的设定，类型为 j 的劳动力 i 在地区 c 的效用为：

$$U_{Hic} = w_{Hc} + D_{Hc} + e_{Hic}$$
$$U_{Lic} = w_{Lc} + D_{Lc} + e_{Lic} \tag{6}$$

其中，w_{Hc} 和 w_{Lc} 分别表示地区 c 的高技能劳动力和低技能劳动力的工资对数，D_{Hc} 和 D_{Lc} 分别表示地区 c 的基础设施带给高技能和低技能劳动力的效

用,随机项 e_{Hic} 和 e_{Lic} 分别表示不同类型的劳动力 i 对地区 c 的特定偏好,比如劳动力出生在地区 c,可能对地区 c 的偏好更大。

假设有两个地区,分别为地区 a 和地区 b,劳动力 i 对地区 a 和地区 b 的相对偏好为:

$$e_{Hia} - e_{Hib} \sim U[-s_H, s_H]$$
$$e_{Lia} - e_{Lib} \sim U[-s_L, s_L] \tag{7}$$

参数 s_H 和 s_L 分别表示高技能劳动力和低技能劳动力对某地区特定偏好的重要性,即劳动力的流动性,如果 s 的值很小,地区偏好不重要,劳动力对工资和基础设施的变化反应敏感,劳动力的流动性强,反之则劳动力的流动性较弱,如果高技能劳动力的流动性强于低技能劳动力,则 $s_H < s_L$。

均衡时,劳动力 i 在地区 a 与地区 b 生活的效用无差异,则地区 b 的劳动力供给条件为:

$$w_{Hb} = w_{Ha} + (D_{aH} - D_{bH}) + s_H\left(\frac{N_{Hb} - N_{Ha}}{N_H}\right)$$

$$w_{Lb} = w_{La} + (D_{aL} - D_{bL}) + s_L\left(\frac{N_{Lb} - N_{La}}{N_L}\right) \tag{8}$$

其中,w_{Hb} 和 w_{Lb} 是 b 地区高技能与低技能劳动力工资的对数,N_{Hb} 和 N_{Lb} 是 b 地区雇用的高技能劳动力和低技能劳动力数量的对数,且:

$$N_H = N_{Ha} + N_{Hb} \quad N_L = N_{La} + N_{Lb} \tag{9}$$

借鉴徐舒(2010)的设定,假设劳动力能够提供 1 单位的低技能劳动,提供高技能劳动的数量 η_i 取决于该劳动者的受教育程度及教育成本,即满足 $\eta_i = [f(edu_i) - c_i]$,其中,f 表示特定受教育程度下提供高技能劳动的能力,c_i 为劳动者个体的异质性受教育成本。劳动者在两种劳动力供给方式间选择,当 $\eta_i \leq W_H/W_L$ 时,劳动力选择提供 η_i 单位的高技能劳动,当 $\eta_i > W_H/W_L$ 时,劳动者选择提供 1 单位低技能劳动,由此,两种劳动力的总供给分别为:

$$l_H^s = \sum_i \eta_i I(\eta_i \leq W_H/W_L), l_L^s = \sum_i \eta_i I(\eta_i > W_H/W_L) \tag{10}$$

其中,$I(\cdot)$ 为示性函数,当括号中的条件满足时取 1,否则取 0,令 $\tau_w = W_H/W_L$,即高技能与低技能劳动的相对工资,则有 $\partial l_H^s/\partial \tau_w > 0$,$\partial l_L^s/\partial \tau_w < 0$,劳动力市场出清要求 $l_H = l_H^s$ 和 $l_L = l_L^s$ 成立。

(三)外生技术冲击

假设地区 b 从第 1 期到第 2 期经历了技能偏向型技术进步冲击,高技能劳动力的生产率对数在第 2 期相对于第一期增加 Δ_H,即 $\ln B_{Hb2} = \ln B_{Hb1} + \Delta_H$,低技能劳动力生产率对数在第二期相对于第一期增加 Δ_L,即 $\ln B_{Lb2} = \ln B_{Lb1} + \Delta_L$,且 $\Delta_H > \Delta_L > 0$,地区 a 的所有劳动力的生产率均不变,两地区的基础设施不变。则地区 b 的高技能劳动力两期之比的对数为:

$$N_{Hb2} - N_{Hb1} = \frac{\Delta_H}{\frac{2s_H}{N_H} - 2(\alpha + \gamma_H - 1)} > 0 \qquad (11)$$

地区 b 的低技能劳动力两期之比的对数为：

$$N_{Lb2} - N_{Lb1} = \frac{\Delta_L}{\frac{2s_L}{N_L} - 2(\alpha - 1)} > 0 \qquad (12)$$

（四）技能溢价的变化

由式（5）和劳动生产率的变化得到地区 b 高、低技能劳动力工资之比对数的两期之差为：

$$\ln \frac{W_{Hb2}}{W_{Lb2}} - \ln \frac{W_{Hb1}}{W_{Lb1}} = \Delta_H - \Delta_L + (\alpha - 1)[(N_{Hb2} - N_{Lb2}) - (N_{Hb1} - N_{Lb1})] \\ + \gamma_H(N_{Hb2} - N_{Hb1}) \qquad (13)$$

上式等号右侧第一项为地区 b 的高、低技能劳动力相对生产率的变化对技能溢价的影响，由于技术进步呈现技能偏向性，即 $\Delta_H > \Delta_L > 0$，得出本文的第一条待检验假说：

H1：技能偏向型技术进步直接增加该地区的技能溢价。

式（13）等号右侧第二项为地区 b 的高、低技能劳动力之比的变化，即技能结构对技能溢价的影响。由式（10）可知，劳动力提供高技能劳动力需要成本，所以高技能劳动力的供给随技能偏向型技术进步带来的技能溢价而增加，即 $\partial N_H / \partial \tau_w > 0$，低技能劳动力的供给随技能溢价而降低，即 $\partial N_L / \partial \tau_w < 0$。因此，高技能劳动力两期之比的对数随技能溢价的上升而增加，即 $\partial(N_{Hb2} - N_{Hb1}) / \partial \tau_w > 0$，低技能劳动力两期之比的对数随技能溢价的上升而降低，即 $\partial(N_{Lb2} - N_{Lb1}) / \partial \tau_w < 0$，该式揭示了劳动力市场的动态调整过程，技能偏向型技术进步通过增加高技能劳动力的相对供给提高技能结构，进而影响技能溢价。由此，得出本文的第二条待检验假说：

H2：技能偏向型技术进步通过劳动力技能结构的提升间接降低技能溢价。

技能偏向型技术进步带来高、低技能劳动力流入，劳动力流入总量通过改变高、低技能劳动力的相对生产率和劳动力技能结构影响技能溢价。劳动力流入对当地劳动力技能结构的影响随高、低技能劳动力流动性的相对大小而改变，即 $\partial[(N_{Hb2} - N_{Hb1}) - (N_{Lb2} - N_{Lb1})] / \partial(s_H / s_L) < 0$，此时，分三种情况：第一，当流入劳动力的高、低技能劳动力之比小于当地劳动力的高、低技能劳动力之比，劳动力流入总量对当地劳动力技能结构有负向作用，并且由于高技能劳动力的集聚效应提升了高、低技能劳动力的相对生产率，技能溢价上升；当流入劳动力的高、低技能劳动力之比等于当地劳动力的高、低

技能劳动力之比，劳动力流入总量对当地劳动力技能结构无影响，通过提升高、低技能劳动力的相对生产率提高技能溢价；当流入劳动力的高、低技能劳动力之比大于当地劳动力的高、低技能劳动力之比，劳动力流入总量对当地劳动力的高、低技能劳动力之比有正向作用，降低技能溢价，同时提高了高、低技能劳动力的相对生产率，提高技能溢价。分析 2015 年和 2017 年中国流动人口动态监测调查的数据发现，对人口净流入的省份，跨省流动人口的劳动力技能结构均低于当地人口的劳动力技能结构[①]，即在中国，绝大多数情况是流入劳动力的高、低技能劳动力之比小于当地劳动力的高、低技能劳动力之比，对技能结构有负向作用，并且提升了高、低技能劳动力的相对生产率，增加技能溢价。由此，提出本文的第三条待检验假说：

H3：技能偏向型技术进步通过劳动力流入总量间接增加技能溢价。

四、实证模型与数据说明

（一）实证模型

借鉴 Papyrakis and Gerlagh（2007）的实证方法，对技能偏向型技术进步通过劳动力技能结构和劳动力流入总量影响技能溢价进行中介效应分析，基本回归模型设定如下：

$$\text{Skillpremium}_{it} = \delta_0 + \delta_1 \text{Tech}_{it} + \delta_2 M_{it} + \delta_k X_{it} + \theta_i + \tau_t + \varphi_{it} \tag{14}$$

Skillpremium_{it} 为 i 省 t 年的技能溢价，用科学研究和技术服务业与农林牧副渔业城镇就业人员平均工资之比度量；Tech_{it} 为 i 省在 t 年的技能偏向型技术进步，采用 DEA – Malmquist 法测出的 TFP 指数度量（杨飞，2017；陆雪琴、文雁兵，2013），用发明专利的授权数量做稳健性检验；M_{it} 为两个中介变量，分别为劳动力的技能结构（Skillratio_{it}）和劳动力流入总量（Mobility_{it}），劳动力技能结构用地区从业人员中大专及以上受教育程度人口在总从业人口中所占比例来度量，回归中取对数（邵宜航等，2016），1996 年之前地区从业人员教育水平指标没有公布，选用地区人口中受教育水平在大专及以上的数量与地区从业人员之比度量，缺失年份用插值法补齐；劳动力流入总量用地区常住人口数与户籍人口数之差度量（梅新想、刘渝琳，2016），X_{it} 表示控制变量，包括人均地区生产总值的增长率，总贸易量与地区生产总值之比，出口量与进口量之比以及人力资本的增长率，其中人力资本用当地高等教育在校生的数量度量。θ_i 和 τ_t 分别是省份固定效应和年份固定效应，ε_{it} 是误差项。表 1 是各变量说明及描述性统计分析。

---

① 由于篇幅有限，中文没有列出流入劳动力和当地劳动力技能结构对比的数据，如有需要，请向作者索要。

表1　变量说明及描述性统计分析

变量	变量描述	观测值	平均值	标准差	最小值	最大值
Skillpremium	技能溢价	899	2.054	0.683	1.049	5.056
Tech	全要素生产率指数	899	-0.005	0.045	-0.197	0.241
Skillratio	技能结构的对数	899	1.778	0.956	-1.051	4.050
Mobility	流入人口总数（千万人）	899	0.020	0.388	-1.839	1.958
PGDP_g	人均GDP的增长率	899	0.088	0.042	-0.160	0.391
Traderate	总贸易量与GDP之比	899	0.044	0.063	0.003	0.729
Exp_Imp	出口与进口量之比	899	2.024	2.053	0.118	31.522
Hcapital_g	人力资本的增长率	899	0.094	0.102	-0.28	0.524

资料来源：笔者计算整理得到。

为避免出现伪回归，对所有变量进行单位根检验，以保证变量的平稳性。为提高单位根检验结果的可信度，分别使用面板单位根 LLC、IPS、FISHER、HT 检验，结果如表 2 所示，所有变量都至少通过一个单位根平稳性检验，说明变量平稳。

表2　面板单位根检验

变量	LLC	IPS	FISHER	HT
Skillpremium	-1.99**	-1.963*	-7.003***	0.985*
Tech	-3.307***	-5.675***	-8.089***	0.741***
Skillratio	-9.688***	-9.3495***	-8.434***	0.475***
Mobility	-2.285**	-0.130	-3.072***	0.820
PGDP_g	-7.071***	-10.360***	-13.597***	0.398***
Traderate	-2.038**	-4.279***	-11.3918***	0.914***
Exp_Imp	-4.972***	-7.668***	-16.327***	0.430***
Hcapital_g	-11.085***	-9.708***	-9.594***	0.531***

注：***、**和*分别表示在1％、5％、10％的显著性水平下通过检验。
资料来源：笔者计算整理得到。

由于影响技能溢价的因素也可能同时影响技能偏向型技术进步，导致遗漏变量偏差，使回归结果有偏。为了解决技术进步潜在的内生性问题，本文使用每个省份国家级经济开发区数量以及1992年经济开发区数量与每年新增的经济开发区数量的乘积作为技能偏向型技术进步的工具变量。在中国经济改革的初期，中央政府和地方政府开始设立不同类型的经济开发区，包括经济技术开发区、高新技术产业开发区以及边境/跨境经济合作区等。为鼓励中国高新技术发展，在此类开发区内的高新技术企业享受税收优惠，比如，免征15%的所得税；对内资办的年净收入在30万元以下的开发区企业，进行技术转让以及在技术转让过程中发生的与技术转让有关的技术咨询、技术业务、技术培训的所得，可暂免征收所得税；超过30万元的部分，按适用税率征收所得税；对其属于"火炬"计划开发范围的高新技术产品，凡符合新产品减免税条件并按规定减免产品税、增值税的税款，可专项用于技术开发，不计征所得税[①]。现有研究也发现，经济开发区的设立提高技术进步（Wang，2013；Chen et al.，2019），由于政府建立开发区会考虑到政治和经济等要素，本文认为开发区的设立影响技能偏向型技术进步，且开发区的设立对技能溢价外生的假设是合理的。综合以上分析，本文使用二阶段最小二乘法（2SLS）进行估计。

（二）样本选取与数据来源

本文选取中国1987~2018年29个省份的面板数据（由于部分年份数据缺失，删除重庆和西藏）。行业平均工资数据来源于《中国统计年鉴》，常住人口数、户籍人口数、劳动力技能结构数来自《中国人口和就业统计年鉴》和《中国劳动统计年鉴》，缺失数据由各省份历年统计年鉴、《新中国六十年统计资料汇编》补充。利用DEA - Malmquist方法测度TFP指数用到的产出数据是以1978年为基期的各省份GDP实际值，投入为资本和劳动，资本存量的计算借鉴张军等（2004）的永续盘存法，以9.6%为资本折旧率，以1978年为基期，劳动选取该省份全社会总的就业人员。资本、劳动力和总产出数据以及其他控制变量数据均来源于历年《中国统计年鉴》。

五、实证结果与分析

（一）中介效应检验结果

为对面板数据估计策略进行选择，首先对模型进行F检验、LM检验以及Hausman检验以确定估计方法，由F检验结果得出固定效应模型优于混合回归，由LM检验结果得随机效应模型优于混合回归，由Hausman检验结果得出固定效应模型优于随机效应模型，所以固定效应模型合理。

表3中第（1）、（2）、（3）列是对式（14）的估计结果。第（1）列为不加入中介变量的估计结果，分析显示，技能偏向型技术进步对技能溢价存在正向影响，且在5%的水平上显著；人均GDP的增长率对技能溢价有显著

[①] 《国家高新技术产业开发区税收政策的规定》——科学技术部火炬高技术产业开发中心。

负向影响,总贸易量占 GDP 的比重增加,会降低技能溢价。从 2SLS 估计的检验统计量来看,Kleibergen – Paap rk LM 和 Cragg – Donald Wald F 检验都显著拒绝原假设,说明工具变量通过了不可识别检验和弱工具变量检验,Hansen J 过度识别检验的 P 值均在 0.1 以上,不能拒绝原假设,即工具变量与误差项不相关,说明工具变量的选取是合理且有效的。第(2)列结果显示,在加入劳动力技能结构以后,技能偏向型技术进步对技能溢价的回归系数从 5.542 上升到 6.263,且依然在 5% 的水平上显著,说明技能偏向型技术进步可能通过改变劳动力技能结构影响技能溢价。劳动力技能结构对技能溢价的影响系数在 10% 的显著性水平上为负,高技能劳动力占比每增加 1%,技能溢价降低 0.1,劳动力技能结构可能对技能溢价产生负向中介作用。第(3)列是加入劳动力流入总量这一中介变量后的估计结果,技能偏向型技术进步对技能溢价影响的回归系数从 5.542 下降到 4.634,在 10% 的水平上显著,说明技能偏向型技术进步与劳动力入流入总量可能存在正向关系,技能偏向型技术进步通过劳动力流入增加技能溢价,劳动力流入总量对技能溢价的回归系数为正且在 1% 的水平上显著,劳动力流入每增加 1000 万元,地区技能溢价增加 0.2,劳动力流入可能对技能溢价产生正向中介作用。在分别加入两个中介变量的回归中,技能偏向型技术进步对技能溢价的影响都依然显著为正,说明技能偏向型技术进步直接增加技能溢价。

表3　　　　技能偏向型技术进步对技能溢价影响的中介效应检验

变量	(1)	(2)	(3)	(4)	(5)	(6)
	IV 第二阶段回归			IV 第一阶段回归		
	Skill premium			TFP		
Tech	5.542** (2.478)	6.263** (2.576)	4.634* (2.442)			
Skillratio		-0.103* (0.0598)			-0.00559 (0.00457)	
Mobility			0.219*** (0.0714)			0.0234*** (0.00400)
Z_1				0.000546* (0.000327)	0.000526 (0.000327)	0.000498 (0.000336)
Z_2				0.00155*** (0.000396)	0.00161*** (0.000404)	0.00140*** (0.000407)
PGDP_g	-2.930*** (0.783)	-3.107*** (0.809)	-2.208** (0.867)	0.277*** (0.0475)	0.278*** (0.0479)	0.327*** (0.0477)

续表

变量	(1)	(2)	(3)	(4)	(5)	(6)
	IV 第二阶段回归			IV 第一阶段回归		
	Skill premium			TFP		
Traderate	-0.794** (0.346)	-0.752** (0.362)	-0.653** (0.327)	-0.0214 (0.0380)	-0.0200 (0.0379)	-0.00431 (0.0361)
Exp_Imp	-0.00755 (0.00749)	-0.00760 (0.00777)	-0.00748 (0.00742)	0.000191 (0.000642)	0.000195 (0.000641)	0.000181 (0.000623)
Hcapital_g	-0.495 (0.306)	-0.474 (0.315)	-0.463 (0.288)	-0.00466 (0.0267)	-0.00359 (0.0267)	-0.000851 (0.0274)
Kleibergen-Paap rk LM	9.701	9.915	7.963			
Cragg-Donald Wald F	14.618	15.170	12.267			
Hansen J	0.633	0.498	0.660			
时间固定效应	是	是	是	是	是	是
省份固定效应	是	是	是	是	是	是
Observations	899	899	899			
R-squared	0.440	0.411	0.486			

注：括号内为回归系数的稳健标准差，***、**和*分别表示在1%、5%、10%的显著性水平下通过检验。

资料来源：笔者计算整理得到。

表3中第（4）~（6）列是IV估计的第一阶段回归结果，分别是1992年经济开发区总量与每年新增的经济开发区数量的乘积和每个省国家级经济开发区数量，第（4）~（6）列结果都显示国家级经济开发区数量的增长与技能偏向型技术进步呈正相关关系，且在1%的水平上显著，1992年经济开发区总量与每年新增的经济开发区数量的乘积的系数为正，即开发区的设立提高了地区的技术水平，与文中的理论假设一致，说明经济开发区数量是技能偏向型技术进步有效的工具变量。其中，国家级经济开发区的数量对技能偏向型技术进步的影响大于新增经济开发区的数量。

（二）中介变量回归

为验证技能偏向型技术进步对劳动力技能结构和劳动力流入总量的影响，本部分将两个中介变量作为被解释变量，构造回归方程（15），估计技能偏向型技术进步对中介变量的作用：

$$M_{it} = \beta_0 + \beta_1 Tech_{it} + \beta_k X_{it} + \mu_i + \gamma_t + \varepsilon_{it} \qquad (15)$$

其中，M_{it}为劳动力技能结构和劳动力流入总量，μ_i为省份固定效应，如不随时间变化的各省份的文化传统等因素，γ_t为年份固定效应，反映政策冲击等，ε_{it} 为误差项。

表 4 为式（15）的估计结果，由表可知，技能偏向型技术进步提高了地区劳动力的技能结构，在 1% 的水平上显著，技能偏向型技术进步也增加了地区劳动力流入的数量，且在 5% 的水平上显著。工具变量依然通过不可识别检验和弱工具变量检验，过度识别检验结果显示，工具变量在 5% 的显著性水平下是外生且有效的。由表 3 与表 4 的结果验证了本文的理论假说，技能偏向型技术进步直接提升了技能溢价；技能偏向型技术进步通过增加高技能劳动的供给，提高地区的高技能劳动力比例，对技能溢价产生负向中介效应；地区受到技能偏向型的技术进步的冲击时，会增加高、低技能劳动力的工资，使得劳动力流入增加，对技能溢价产生正向中介效应。

表 4　　　　　　　　　　中介变量回归

变量	(1) Skillratio	(2) Skillratio	(3) Mobility	(4) Mobility
Tech	8.042 *** (2.731)	7.153 *** (2.188)	5.276 ** (2.210)	4.151 ** (1.768)
PGDP_g		-1.762 ** (0.690)		-3.294 *** (0.577)
Traderate		0.411 (0.346)		-0.643 ** (0.278)
Exp_Imp		-0.000531 (0.00607)		-0.000367 (0.00529)
Hcapital_g		0.206 (0.280)		-0.144 (0.236)
Kleibergen - Paap rk LM	8.812	9.701	8.812	9.701
Cragg - Donald Wald F	12.145	14.618	12.145	14.618
Hansen J	1.856	2.149	0.112	0.003
时间固定效应	是	是	是	是
省份固定效应	是	是	是	是
Observations	899	899	899	899

注：括号内为回归系数的稳健标准差，***、** 和 * 分别表示在 1%、5%、10% 的显著性水平下通过检验。

资料来源：笔者计算整理得到。

（三）稳健性分析

为增加结论的稳健性，用发明专利的授权数量作为技能偏向型技术进步的度量。如果扰动项存在异方差或自相关，GMM 的估计更有效率，所以采用 IV – GMM 方法进行估计。表 5 为估计结果，其中第（1）~（3）列是中介效应检验，第（4）列和第（5）列是中介变量估计结果。回归系数及显著性均与以 TFP 为技能偏向型技术进步的度量方式的估计结果相似，工具变量依然通过不可识别检验、弱工具变量检验以及过度识别检验，说明回归结果是稳健的。进一步论证了文章理论部分提出的假说。

表 5　技能偏向型技术进步对技能溢价影响的中介效应检验（稳健性检验一）

变量	（1）Skillpremium	（2）Skillpremium	（3）Skillpremium	（4）Skillratio	（5）Mobility
Tech	0.145*** (0.0543)	0.172*** (0.0556)	0.116** (0.0522)	0.211*** (0.0361)	0.110*** (0.0393)
Skillratio		−0.130** (0.0550)			
Mobility			0.257*** (0.0496)		
Kleibergen – Paap rk LM	19.498	20.764	18.582	19.498	19.498
Cragg – Donald Wald F	145.286	145.591	156.620	145.286	145.286
Hansen J	1.654	1.592	1.458	0.352	0.523
时间固定效应	是	是	是	是	是
省份固定效应	是	是	是	是	是
控制变量	是	是	是	是	是
R – squared	0.537	0.539	0.556	0.921	0.204
Observations	891	891	891	891	891

注：括号内为回归系数的稳健标准差，***、**和*分别表示在 1%、5%、10%的显著性水平下通过检验。
资料来源：笔者计算整理得到。

为进一步验证结论的稳健性，用科学研究和技术服务业与农林牧副渔业就业人员平均工资之差作为技能溢价的度量，表 6 中第（1）~（3）列为 2SLS 估计结果，第（4）~（6）列为 GMM – IV 估计结果，在更换技能溢价的度量方式以后，技能偏向型技术进步对技能溢价的影响依然显著为正；加入劳动力技能结构后，技能偏向型技术进步的系数上升，劳动力技能结构对技能溢价的影响系数为负，即劳动力技能结构对技能溢价的负向中介效应显著；加入劳动力流入总量之后，技能偏向型技术进步的系数下降，劳动力流入总量显著增加了技能溢价，即劳动力流入总量对技能溢价的正向中介效应显著。

表6 技能偏向型技术进步对技能溢价影响的中介效应检验（稳健性检验二）

变量	(1)	(2)	(3)	(4)	(5)	(6)
	\multicolumn{3}{c}{2SLS}	\multicolumn{3}{c}{GMM – IV}				
Tech	17.70*** (5.721)	21.83*** (6.176)	13.10** (5.616)	19.15*** (5.436)	22.85*** (5.833)	14.85*** (5.283)
Skillratio		−0.580*** (0.146)			−0.578*** (0.146)	
Mobility			1.109*** (0.205)			1.061*** (0.199)
Kleibergen – Paap rk LM	9.701	9.915	7.963	9.701	9.915	7.963
Cragg – Donald Wald F	14.618	15.170	12.267	14.618	15.170	12.267
Hansen J	0.669	0.252	0.852	0.669	0.252	0.852
时间固定效应	是	是	是	是	是	是
省份固定效应	是	是	是	是	是	是
控制变量	是	是	是	是	是	是
Observations	899	899	899	899	899	899
R – squared	0.750	0.708	0.817	0.735	0.694	0.802

注：括号内为回归系数的稳健标准差，***、**和*分别表示在1%、5%、10%的显著性水平下通过检验。

资料来源：笔者计算整理得到。

六、微观数据机制检验

从上述分析可知，技能偏向型技术进步直接增加技能溢价，也通过劳动力技能结构和劳动力流入总量间接影响技能溢价。但对于技能偏向型技术进步增加技能溢价的具体机制，比如，是通过增加高技能劳动力的工资，降低低技能劳动力的工资而增加技能溢价，还是通过增加所有劳动力的工资而增加技能溢价，还没有进行回答。图1是科学研究与技术服务行业、制造业、农林牧副渔业从业人员在1998～2016年平均工资的变化趋势。由图1可知，三种行业从业人员的平均工资水平自1998年开始迅速增长，说明各种技能类型的劳动力在经济技术迅速发展的过程中都受益了，工资水平均在逐步提升。自2000年开始，科学研究与技术服务行业平均工资上涨的速度逐渐快于制造业和农林牧副渔行业的平均工资上涨，三者之间的工资差距逐渐拉开，并有不断扩大的趋势。图2是以CGSS2003－2017年的数据和CHIP1999年的数据合并得到的不同受教育水平劳动者收入变化情况。低技能劳动力为受教育程度在高中及以下的劳动力，高技能劳动力为受教育程度在大专及以上的劳动力。由图1可知，与行业工资的变化趋势相似，高技能和低技能劳动力的收入均在逐渐增加。在 1998 年，高、低技能劳动力之间的平均收入差距还比较小，由于高技能劳动力的收入上涨速度大于低技能劳动力，二者之间的收入差距逐渐扩大。由图 2 可得，不同于美国及德国在 1980 年以后出现的低技能劳动力实际工资下降，中国的技能溢价上升伴随的是高、低技能劳动力工资都上升。

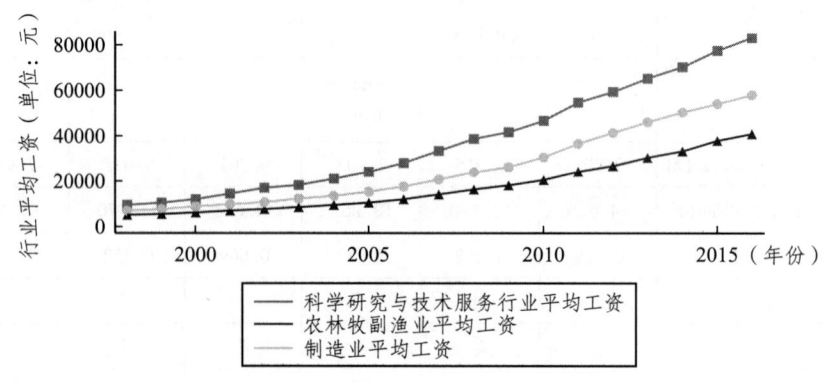

图 1 行业平均工资变化趋势

资料来源：笔者计算整理得到。

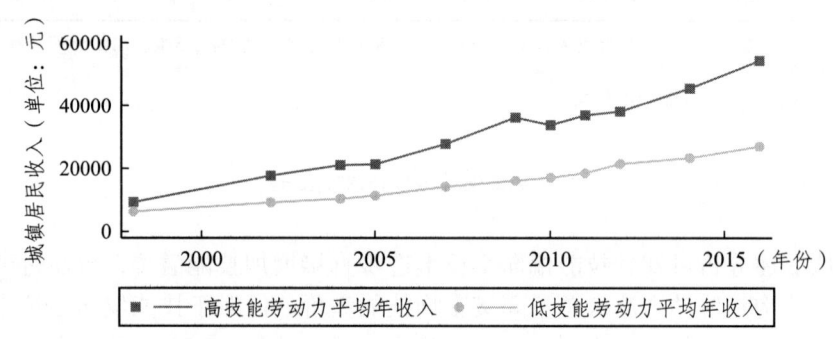

图 2 高、低技能劳动力平均收入变化趋势

资料来源：笔者计算整理得到。

在本部分，采用 CGSS 2010~2017 年的混合截面微观数据和各省份宏观数据，对技能偏向型技术进步影响高技能和低技能劳动力的工资及技能溢价的机制做进一步检验。根据 Mincer（1974）工资方程，借鉴 Hering and Poncet（2010）的估计方法，构建个体工资回归方程：

$$\ln wage_{ijt} = \gamma_0 + \gamma_1 Tech_{jt} + \gamma_2 M_{jt} + \gamma_k V_{ijt} + \epsilon_{ijt} \tag{16}$$

其中，$\ln wage_{ijt}$ 表示在省 j 的个人 i 在 t 年的工资对数，对工资进行价格指数平减，调整到以 2009 年为基期，$Tech_{jt}$ 表示技能偏向型技术进步，对 CGSS 2010 年、2012 年、2013 年、2015 年、2017 年的个体，分别采用在调查年份前五年的个体所在省份的 TFP 指数的平均值来度量。比如，对 2010

年的调查样本，其调查的个体样本的工资是 2009 年全年工资收入，选用个体所在省份 2005~2009 年的 TFP 指数的平均值与其进行匹配。M_{jt} 为中介变量，分别为劳动力流入总量和劳动力技能结构在对应时间段的平均值。V_{ijt} 为个体特征变量，包括性别、年龄、年龄的平方、教育水平、健康水平、户口状况、婚姻状况、是否党员等，ϵ_{ijt} 为误差项。对技能偏向型技术进步潜在的内生性问题，采用经济开发区数量作为其工具变量。由于技能偏向型技术进步主要集中在城镇地区，且由技术进步引发的劳动力流入地主要为城镇地区，以城镇样本进行回归分析。

表 7 为式（16）的估计结果。其中，第（1）、（2）列和第（3）、（4）列分别是低技能劳动力和高技能劳动力的估计结果。第（1）列和第（3）列的结果显示，技能偏向型技术进步对低技能和高技能劳动力对数工资的回归系数均为正，且在 1% 的水平上显著，但是，技能偏向型技术进步对低技能劳动力对数工资的回归系数为 20.2，小于对高技能劳动力工资对数的回归系数 24.8。由此说明，技能偏向型技术进步同时提高了高技能与低技能劳动力的工资，但是，对高技能劳动力工资的提高大于对低技能劳动力工资的提高，进而增加了高、低技能劳动力之间的工资差距。

表 7　技能偏向型技术进步影响技能溢价的机制检验

变量	（1）	（2）	（3）	（4）
	低技能	低技能	高技能	高技能
	lnwage	lnwage	lnwage	lnwage
Tech	20.20*** (1.244)	5.264** (2.580)	24.80*** (1.951)	36.88*** (8.751)
Skillratio		0.0164*** (0.00442)		-0.0596*** (0.0173)
Mobility		0.0231*** (0.00144)		0.0274*** (0.00289)
Constant	7.936*** (0.133)	7.432*** (0.153)	7.782*** (0.274)	9.142*** (0.536)
Kleibergen – Paap rk LM	552.984	188.882	194.603	28.330
Cragg – Donald Wald F	974.363	197.115	301.221	28.995
控制变量	是	是	是	是
Observations	14513	14513	4617	4617

注：括号内为回归系数的稳健标准差，***、** 和 * 分别表示在 1%、5%、10% 的显著性水平下通过检验。

资料来源：笔者计算整理得到。

第（2）列和第（4）列为加入了劳动力技能结构和劳动力流入总量两个中介变量的估计结果。分析发现，对低技能劳动力，在加入劳动力技能结构和劳动力流入总量以后，技能偏向型技术进步的系数下降，劳动力技能结构和劳动力流入总量的增加显著提高了低技能劳动力的工资。对高技能劳动力，在加入劳动力技能结构和劳动力流入总量以后，技能偏向型技术进步的系数显著上升，原因是劳动力技能结构对高技能劳动力的对数工资产生了负向中介效应，劳动力流入总量对高技能劳动力工资对数的影响依然显著为正。对比第（2）列与第（4）列劳动力流入总量的回归系数，发现劳动力流入总量对高技能劳动力工资的正向作用大于对低技能劳动力工资的正向作用，说明技能偏向型技术进步通过增加劳动力流入总量，扩大了高、低技能劳动力工资差距。而劳动力技能结构的上升显著降低了高技能劳动力的工资，提高了低技能劳动力的工资，说明技能偏向型技术进步通过提高劳动力技能结构，降低了高、低技能劳动力之间的工资差距。

为探究技能偏向型技术进步对技能溢价的影响机制在分样本的男性和女性劳动力回归中是否稳健，对男性和女性样本分别进行估计，结果如表8所示。对男性和女性劳动力，技能偏向型技术进步对低技能劳动力工资的提高小于对高技能劳动力工资的提高，不论高、低技能劳动力，技能偏向型技术进步对女性劳动力的工资影响大于男性，说明技能偏向型技术进步在提高男性和女性技能溢价的同时，降低了男性与女性的工资差距。对低技能劳动力、劳动力技能结构上升提高了男性和女性工资水平，对高技能劳动力，劳动力技能结构上升，降低了男性和女性劳动力的工资水平，说明劳动力技能结构上升，降低了男性和女性的技能溢价。对男性和女性劳动力，劳动力流入总量对低技能劳动力工资的提高小于对高技能劳动力工资的提高；无论高、低技能劳动力，劳动力流入总量对男性劳动力的影响系数大于女性，说明劳动力流入总量的提高增加了男性和女性劳动力的技能溢价，同时也增加了劳动力之间的性别工资差距。分样本的回归结果与总体样本的回归结果基本一致，验证了上述研究结论。

表8　技能偏向型技术进步影响技能溢价的机制检验（男、女分样本）

变量	(1)	(2)	(3)	(4)
	低技能		高技能	
	lnwage	lnwage	lnwage	lnwage
男性				
Tech	20.81*** (1.632)	7.028** (3.146)	25.22*** (2.684)	33.83*** (11.65)

续表

变量	(1)	(2)	(3)	(4)
	低技能		高技能	
	lnwage	lnwage	lnwage	lnwage
Skillratio		0.0131** (0.00544)		-0.0537** (0.0230)
Mobility		0.0251*** (0.00206)		0.0336*** (0.00384)
Constant	8.190*** (0.188)	7.723*** (0.208)	7.506*** (0.396)	8.824*** (0.704)
Kleibergen – Paap rk LM	332.991	138.028	123.249	16.445
Cragg – Donald Wald F	598.284	146.305	193.906	16.948
控制变量	是	是	是	是
Observations	8106	8106	2543	2543
女性				
Tech	24.72*** (1.931)	10.86*** (3.208)	33.74*** (4.704)	25.62*** (5.897)
Skillratio		0.0101* (0.00561)		-0.0364*** (0.0116)
Mobility		0.0240*** (0.00229)		0.0285*** (0.00374)
Constant	8.166*** (0.208)	7.765*** (0.213)	7.629*** (0.491)	8.089*** (0.463)
Kleibergen – Paap rk LM	266.845	116.379	47.085	35.316
Cragg – Donald Wald F	410.231	122.279	58.386	35.480
控制变量	是	是	是	是
Observations	6432	6432	2120	2120

注：括号内为回归系数的稳健标准差，***、**和*分别表示在1%、5%、10%的显著性水平下通过检验。

资料来源：笔者计算整理得到。

七、结论与研究启示

本文在异质性劳动力流动的条件下，通过理论和实证分析技能偏向型技术进步对技能溢价的影响。研究发现，第一，中国的技能偏向型技术进步增加高技能和低技能劳动力的工资，但是对高技能劳动力工资的提高大于对低技能劳动力工资的提高，直接增加技能溢价；第二，技能偏向型技术进步使得地区的高技能劳动比例上升，降低高技能劳动力的工资，提高低技能劳动力工资，间接降低高、低技能劳动力的工资差距；第三，技能偏向型技术进步增加地区高、低技能劳动力流入，劳动力流入提升高、低技能劳动的相对生产率，对劳动力技能结构有负向作用，劳动力流入总量对高技能劳动力工资的提高大于对低技能劳动力工资的提高，间接增加高、低技能劳动力的工资差距。

通过上述研究结论，得出以下研究启示：首先，由于中国流动人口在落户、居住和子女教育等方面存在制约，劳动力流动受阻不利于资源合理配置。破除劳动力流动的障碍，增加劳动力的流动性，尤其是高技能劳动力的流动性，可以在促进生产率提高的同时，在一定程度上抑制技能溢价的增加。其次，由本文结论可知，高技能劳动力占比的提高降低技能溢价，并且能够增加低技能劳动力的工资。技能溢价是对高技能劳动力需求的增加和高技能劳动力供给之间竞赛的结果，当高技能劳动力供给的增加超过了对高技能劳动力的相对需求，技能偏向型技术进步会降低技能溢价，因此增加高技能劳动力供给是调节收入分配的重要途径。最后，低收入家庭受到预算约束，使其对子女的教育投资不足，限制了中国高技能劳动力的供给。增加对贫困家庭的教育补贴，可以在增加高技能劳动力供给的同时，增加社会机会公平。

参 考 文 献

[1] 陈勇、柏喆：《技能偏向型技术进步、劳动者集聚效应与地区工资差距扩大》，载《中国工业经济》2018 年第 9 期。

[2] 董直庆、蔡啸、王林辉：《技能溢价：基于技术进步方向的解释》，载《中国社会科学》2014 年第 10 期。

[3] 郭凯明、杭静、颜色：《资本深化、结构转型与技能溢价》，载《经济研究》2020 年第 5 期。

[4] 郭凯明、张军、陈登科：《最低工资、企业生产率与技能溢价》，载《统计研究》2017 年第 1 期。

[5] 李实、赵人伟、张平：《中国经济转型与收入分配变动》，载《经济研究》1998 年第 4 期。

[6] 呼倩、黄桂田：《改革开放以来中国劳动力流动研究》，载《上海经济研究》2019 年第 6 期。

[7] 卢晶亮：《城镇劳动者工资不平等的演化：1995—2013》，载《经济学（季刊）》2018 年第 4 期。

[8] 卢晶亮：《资本积累与技能工资差距——来自中国的经验证据》，载《经济学（季刊）》2017 年第 16 期。

[9] 陆雪琴、文雁兵：《偏向型技术进步、技能结构与溢价逆转——基于中国省级面板数据的经验研究》，载《中国工业经济》2013 年第 10 期。

[10] 刘贯春、张军、陈登科：《最低工资、企业生产率与技能溢价》，载《统计研究》2017年第1期。

[11] 梅新想、刘渝琳：《劳动力流动和政府保护的工资上涨效应》，载《经济科学》2016年第1期。

[12] 邵宜航、汪宇娟、刘雅南：《劳动力流动与收入差距演变：基于我国城市的理论与实证》，载《经济学家》2016年第1期。

[13] 宋冬林、王林辉、董直庆：《技能偏向型技术进步存在吗？——来自中国的经验证据》，载《经济研究》2010年第45期。

[14] 徐舒：《技术进步、教育收益与收入不平等》，载《经济研究》2010年第9期。

[15] 杨飞：《市场化、技能偏向性技术进步与技能溢价》，载《世界经济》2017年第40期。

[16] 张军、吴桂英、张吉鹏：《中国省际物质资本存量估算：1952—2000》，载《经济研究》2004年第10期。

[17] Acemoglu, D. and Autor, D., 2011: Skills, Tasks and Technologies: Implications for Employment and Earnings, *Handbook of Labor Economics*, Vol. 4.

[18] Acemoglu, D., Aghion, P., and Violante, G. L., 2001: Deunionization, Technical Change and Inequality, *Carnegie - Rochester Conference Series on Public Policy*, Vol. 55, No. 1.

[19] Acemoglu, D., 1998: Why Do New Technologies Complement Skills? Directed Technical Change and Wage Inequality, *The Quarterly Journal of Economics*, Vol. 113, No. 4.

[20] Acemoglu, D., 2001: Directed Technical Change, *NBER working paper*, No. 8287.

[21] Acemoglu, D., 2003: Patterns of Skill Premia, *Review of Economic Studies*, Vol. 70, No. 2.

[22] Aghion, P., 2002: Schumpeterian Growth Theory and the Dynamics of Income Inequality, *Econometrica*, Vol. 70, No. 3.

[23] Atalay, E., Phongthiengtham, P., Sotelo, S., and Tannenbaum, D., 2018: New Technologies and the Labor Market, *Journal of Monetary Economics*, Vol. 97.

[24] Autor, D. H., Levy, F., and Murnane, R. J., 2003: The Skill Content of Recent Technological Change: An Empirical Exploration, *The Quarterly Journal of Economics*, Vol. 118, No. 4.

[25] Chen, B., Lu, M., Timmins, C., and Xiang, K., 2019: Spatial Misallocation: Evaluating Place - Based Policies Using a Natural Experiment in China, *NBER working paper*, No. 26148.

[26] Dinlersoz, E. and Greenwood, J., 2016: The Rise and Fall of Unions in the United States, *Journal of Monetary Economics*, Vol. 83.

[27] Goldin, C. and Katz, L. F., 1998: The Origins of Technology - Skill Complementarity, *The Quarterly Journal of Economics*, Vol. 113, No. 3.

[28] Hering, L. and Poncet S., 2010: Market Access and Individual Wages: Evidence from China, *The Review of Economics and Statistics*, Vol. 92, No. 1.

[29] Hornbeck, R. and Moretti, E., 2018: Who Benefits from Productivity Growth? Direct and Indirect Effects of Local TFP Growth on Wages, Rents, and Inequality, *NBER work-*

ing paper, No. 24661.

[30] Katz, L. F. and Murphy, K. M., 1992: Changes in Relative Wages, 1963 – 1987: Supply and Demand Factors, *The Quarterly Journal of Economics*, Vol. 107, No. 1.

[31] Kijima, Y., 2006: Why Did Wage Inequality Increase? Evidence from Urban India 1983 – 1999, *Journal of Development Economics*, Vol. 81, No. 1.

[32] Krusell, P., Ohanian, L. E., Ríos – Rull, J. – V., and Violante, G. L., 2000: Capital-skill Complementarity and Inequality: A Macroeconomic Analysis, *Econometrica*, Vol. 68, No. 5.

[33] Mincer, J. and Polachek, S., 1974: Family Investments in Human Capital: Earnings of Women, *Journal of Political Economy*, Vol. 82, No. 2.

[34] Moretti, E., 2011: Local Labor Markets, *Handbook of Labor Economics*, Chapter 14.

[35] Papyrakis, E. and Gerlagh, R., 2007: Resource Abundance and Economic Growth in the United States, *European Economic Review*, Vol. 51, No. 4.

[36] Parro, F., 2013: Capital – Skill Complementarity and the Skill Premium in a Quantitative Model of Trade, *American Economic Journal: Macroeconomics*, Vol. 5, No. 2.

[37] Ross, M. B., 2017: Routine-biased Technical Change: Panel Evidence of Task Orientation and Wage Effects, *Labour Economics*, Vol. 48.

[38] Thoenig, M. and Verdier, T., 2003: A Theory of Defensive Skill – Biased Innovation and Globalization, *American Economic Review*, Vol. 93, No. 3.

[39] Van Reenen, J., 2011: Wage Inequality, Technology and Trade: 21st Century Evidence, *Labour Economics*, Vol. 18, No. 6.

[40] Wang, J., 2013: The Economic Impact of Special Economic Zones: Evidence from Chinese Municipalities, *Journal of Development Economics*, Vol. 101.

[41] Zeira, J., 2007: Wage Inequality, Technology, and Trade, *Journal of Economic Theory*, Vol. 137, No. 1.

Skill-biased Technological Progress and Skill Premium

—Based on Heterogeneous Labor Mobility Perspective

Chaoting Li   Guoliang Liu   Jia Li

Abstract: This paper analyzes the mechanism of the effect of skill-biased technological progress on skill premium from the perspective of heterogeneous labor mobility. Firstly, we construct a theoretical model to analyze the direct effect of skill-biased technological change on skill premium and the indirect effect through the total number of migrant workers and the skill structure of workers. It is found that skill-biased technological progress increases the relative productivity of high- and low-skilled labors, directly increasing skill premium. Skill-biased technological progress increases the supply of high-skilled labors, which improves the skill structure of labors and indirectly reduces skill premium. Skill-biased technological progress increases high-and low-skilled labors inflows, the total inflow of labors increases the relative productivity of high-and low-skilled labors, reduces the skill structure of the labors, and indirectly increases skill premium. Secondly, we use panel data and CGSS2010 – 2017 data to do the empirical test. The results show that the effect of skill-biased technological progress on the wage of high-skilled labors is bigger than the effect of skill-biased technological progress on the wage of low-skilled labors, which increases skill premium directly. Besides, skill-biased technological progress improves skill structure of labors and reduces the skill premium through reducing the wages of high-skilled labors and increasing the wages of low-skilled labors. Skill-biased technological change increases the inflow of labors. The effect of inflow of labors on wages of high-skilled labors is bigger than the effect of inflow of labors on wages of low-skilled labors, which indirectly increases skill premium.

KeyWords: Skill-biased Technological Progress   Heterogeneous Labor Mobility   Skill Premium.

JEL Classification: O33   O15   E24

《产业经济评论》投稿体例

《产业经济评论》是由山东大学经济学院、山东大学产业经济研究所主办,由经济科学出版社出版的开放性产业经济专业学术文集。它以推进中国产业经济科学领域的学术研究、进一步推动中国产业经济理论的发展,加强产业经济领域中海内外学者之间的学术交流与合作为宗旨。《产业经济评论》为中文社会科学引文索引(CSSCI)来源集刊。

《产业经济评论》是一个中国经济理论与实践研究者的理论、思想交流平台,倡导规范、严谨的研究方法,鼓励理论和经验研究相结合的研究路线。《产业经济评论》欢迎原创性的理论、经验和评论性研究论文,特别欢迎有关中国产业经济问题的基础理论研究和比较研究论文。

《产业经济评论》设"综述""论文""书评"三个栏目。其中:"综述"发表关于产业经济领域最新学术动态的综述性文章,目的是帮助国内学者及时掌握国际前沿研究动态;"论文"发表原创性的产业经济理论、经验实证研究文章;"书评"发表有关产业经济理论新书、新作的介绍和评论。

《产业经济评论》真诚欢迎大家投稿,以下是有关投稿体例说明。

1. 稿件发送电子邮件至:rie@sdu.edu.cn。
2. 文章首页应包括:
(1)中文文章标题;(2)200字左右的中文摘要;(3)3~5个关键词;(4)作者姓名、署名单位、详细通信地址、邮编、联系电话和E-mail地址。
3. 文章的正文标题、表格、图形、公式须分别连续编号,脚注每页单独编号。大标题居中,编号用一、二、三;小标题左齐,编号用(一)、(二)、(三);其他用阿拉伯数字。
4. 正文中文献引用格式:

单人作者:
"Stigler(1951)……""……(Stigler,1951)""杨小凯(2003)……""……(杨小凯,2003)"。

双人作者:
"Baumol and Willig(1981)……""……(Baumol and Willig,1981)""武力、温锐(2006)……""……(武力、温锐,2006)"。

三人以上作者:
"Baumol et al.(1977)……""……(Baumol et al.,1977)"。

"于立等（2002）……""……（于立等，2002）"。

文献引用不需要另加脚注，所引文献列在文末参考文献中即可。请确认包括脚注在内的每一个引用均有对应的参考文献。

5. 文章末页应包括：参考文献目录，按作者姓名的汉语拼音或英文字母顺序排列，中文在前，Word自动编号；英文文章标题；与中文摘要和关键词对应的英文摘要和英文关键词；2~4个JEL（*Journal of Economic Literature*）分类号。

参考文献均为实引，格式如下，请注意英文书名和期刊名为斜体，中文文献中使用全角标点符号，英文文献中使用半角标点符号：

［1］武力、温锐：《1949年以来中国工业化的"轻重"之辨》，载《经济研究》2006年第9期。

［2］杨小凯：《经济学——新兴古典与新古典框架》，社会科学文献出版社2003年版。

［3］于立、于左、陈艳利：《企业集团的性质、边界与规制难题》，载《产业经济评论》2002年第2期。

［4］Baumol, W. J. and Willig, R. D., 1981: Fixed Costs, Sunk Costs, Entry Barriers, and Sustainability of Monopoly, *The Quarterly Journal of Economics*, Vol. 96, No. 3.

［5］Baumol, W. J., Bailey, E. E., and Willig, R. D., 1977: Weak Invisible Hand Theorems on the Sustainability of Multiproduct Natural Monopoly, *The American Economic Review*, Vol. 67, No. 3.

［6］Stigler, G. J., 1951: The Division of Labor is Limited by the Extent of the Market, *Journal of Political Economy*, Vol. 59, No. 3.

［7］Williamson, O. E., 1975: *Markets and Hierarchies*, New York: Free Press.

6. 稿件不做严格的字数限制，《综述》《论文》栏目的文章宜在8000字以上，欢迎长稿。

7. 投稿以中文为主，海外学者可用英文投稿，但须是未发表的稿件。稿件如果录用，由本刊负责翻译成中文，由作者审查定稿。文章在本刊发表后，作者可以继续在中国以外以英文发表。

8. 在收到您的稿件时，即认定您的稿件已专投《产业经济评论》并授权刊出。《产业经济评论》已被《中国学术期刊网络出版总库》及CNKI系列数据库收录，如果作者不同意文章被收录，请在投稿时说明。

《产业经济评论》的成长与提高离不开各位同仁的鼎力支持，我们诚挚地邀请海内外经济学界的同仁踊跃投稿，并感谢您惠赐佳作。我们的愿望是：经过各位同仁的共同努力，中国产业经济研究能够结出更丰硕的果实！让我们共同迎接产业经济理论繁荣发展的世纪！